象牙塔之旅·学术入门指导丛书

The Literature Review:
Six Steps to Success

(2nd Edition)

怎样做文献综述
——六步走向成功

(第二版)

【美】劳伦斯·马奇　【美】布兰达·麦克伊沃　/著
Lawrence A. Machi　　Brenda T. McEvoy

高惠蓉　陈静　肖思汉　/译
孟石芳　张瑜　/审校

走进人文社会科学研究

——与青年朋友谈人文社会科学研究

（代丛书序）

在指导研究生研究、撰写学位论文过程中，有两件事一直萦绕心头。其一，英国皇家学会（the Royal Society）近日的一份报告显示，[①]中国在国际杂志上发表的科学论文数量飙升至全球第二名，并有可能在2013年取代美国，成为世界最多产的科研大国。但是，由此引发的学界反应不一，乐观者表示，这将对中国科研水平的国际地位产生突破性影响；也有人对此不无忧虑，论者批评我国巨大的科研产量背后是日益盛行的学术功利主义。其二，北京大学教授汪丁丁曾花了一年半的时间，搜集、整理《中国社会科学》发表的文章，发现其中最常见的有两类：一类是用数理方式表达的对西方而言有意义的文章，此类文章具有学术合法性，但缺乏中国意义；另一类是乡土中国的文章，能够表达出对中国人而言具有重要意义的感受，但缺乏学术合法性。他由此得出结论："表达"是中国社会科学面临的"根本困境"，因为当我们中国人用西方逻辑传统来表达我们内心的感受时，最常见的问题就是缺乏学术规范或者学术合法性，所以，学术合法性是中国社会科学家最根本的困境。[②]能够在《中国社会科学》上发表文章的学者，至少是小有成就的社会科学研究工作者，他们尚且如此，对于学做研究工作的初学者而言，更是如此了。因为工作的关系，经常会碰到一些研究生为写论文、发表论文的事情发愁，也经常会听到一些研究生导师抱怨，研究生都快毕业了，还没有在学术上"登堂入室"，甚至"连起码的研究规范"都不懂。不管

---

① China poised to overhaul US as biggest publisher of scientific papers. [2011-03-28] [2011-05-06] http://www.guardian.co.uk/science/2011/mar/28/china-us-publisher-scientific-papers

② 汪丁丁.中国社会科学的研究方法导论[J].财经问题研究，2008(10)：3-13.

怎么说,科学研究日益受到重视,却是不争的事实;中国建立创新型国家之于科研创新的迫切需求,也是不争的事实。然而,这种学术繁荣和科研创新的需求与大学研究生教育的现状似乎正好形成一个反差,令人不无忧虑。借此机会,谈几个经常为研究生所关注的问题。

一、认识人文社会科学

英文的"science",源于拉丁文"scientia",所对应的动词是"scio",意为"知道","scientia"的意思就是"学问""知识"(所知道的东西)。不同国家的学术传统中,对于"科学"内涵的认识有所不同。一般来说,英美学术传统中的"科学",是具有高度逻辑严密性的实证知识体系,既有严密的逻辑性,能自圆其说,又能接受观察和实验的检验;相比之下,德国的"科学"概念,则宽泛得多,往往指一切体系化的知识,可以说,凡是人们通过系统研究后形成的比较完备的知识体系,不管是否呈现自然科学般的规律性,都可纳入科学范畴。以此类推,人们对人文社会科学的理解也不相同。

汉语中的"人文社会科学"包括人文学和社会科学两类。人文学(humanities)源于拉丁文"humanists",意即人性、教养。原指与人类利益有关的学问,后泛指对社会现象和文化艺术的研究。从中世纪晚期欧洲教会学校发展的情况看,最初的人文学被视为科学的有机组成部分,从达·芬奇到哥白尼,其研究都被看成是文艺复兴的一部分。在英美的学术传统中,所有学科分为三类:自然科学、社会科学和人文学。自然科学属于严格意义上的科学,社会科学有一定的科学性,人文知识则不能被看成是科学。[①] 德国把科学分为自然科学和精神科学(文化科学)。其中,精神科学或文化科学与我们今天讲的人文社会科学相似,包括社会科学和人文科学,换言之,人文学也属于科学。[②]

今天,英语语境中的"humanities",有时被译为"人文科学",有时也

[①] 其实,英美的研究传统又有差异,就本体论而言,美国强调物质,英国偏重理念;从认识论角度来看,美国强调科学实在论,英国偏重理性思辨;在方法论方面,美国强调社会科学和自然科学一元论,英国偏重历史的和多元的研究方法。参见:Hurrell, A. Keeping history, law and political philosophy firmly within the English school. *Review of International Studies*, 2001, 27(3): 489-494.

[②] 吴鹏森,房列曙.人文社会科学基础[M].上海:上海人民出版社,2000:1.

被译为"人文学科"。严格说来,在英美学术传统"科学"的"自然科学化"倾向日盛的情况下,将这个指称"the study of subjects like literature, language, history and philosophy"(即文学、语言学、历史和哲学等学科)①的词译成"人文科学",则有失偏颇,如林毓生教授②将"humanity"译为"人文学科",而不是"人文科学",似乎更能表征其中的人文意义;现在我们将其译为"人文科学",实际上已是"科学"概念的泛化,是"科学"一词并不严格意义上的使用。"人文学科"也好,"人文科学"也好,都指的是以人类的精神世界及其积淀的精神文化为对象的科学,是"关于人的价值及其精神表现的科学",③"主要指以人类的信仰、情感、道德和美感等为研究对象的文科科系的学科,通常包括文学、语言、艺术、历史、哲学等领域"。④ 人文科学的对象即人类精神文化现象,它从根本上说是"拟人主义和人类本位主义"的,⑤人文学科中的宗教、哲学、艺术、音乐、戏剧、文学等学问都包含很浓厚的主观性的成分。⑥ 相比之下,"社会科学"(social science)通常指研究社会现象及其规律的科学,它是一个以社会客体为对象,包括经济学、政治学、法律学、社会学等学科的庞大知识体系。

不同的人文社会科学研究的性质、研究使命、研究方法与成果体系都有所不同。我们通常有基础研究与应用研究之分。其实,基础研究既包括理论研究,又包括对实践问题的经验科学(empirical science)研究。人文社会科学不能不从哲学层面的价值问题,追问人与社会存在中的"为什么"问题;但社会科学逐步从哲学中分离出来后,越来越呈现"脱哲学化"的倾向,⑦基于经验事实(empirical facts)的经验科学,⑧突

---

① Procter, P. *Cambridge international dictionary of English*. London: Cambridge University Press,1995.
② 林毓生.中国传统的创造性转化[M].北京:生活·读书·新知三联书店,1988.
③ 黄楠森.人学词典[M].北京:中国国际广播出版社,1990:517.
④ 张光忠.社会科学学科辞典[M].北京:中国青年出版社,1990:5.
⑤ 恩斯特·卡西尔.人文科学的逻辑[M].北京:中国人民大学出版社,1991:26.
⑥ 王云五.云五社会科学大词典(第一册)[M].台北:商务印书馆,1973:37.
⑦ 赖金良.作为经验科学的社会科学——兼论社会科学的"脱哲学化"问题[J].人文杂志,2006(5).
⑧ 非归纳主义或归纳科学意义上的经验科学,既区别于人文科学基于体验意义上的经验,又区别于社会科学或自然科学中单纯的观察结果或实验室中生产出来的事实。

出了经验的公共的可观察的一面,①研究的是"是什么"的问题,是对人类与社会发展过程中的各种现象的客观描述,旨在揭示人类与社会发展的客观规律;人文社会科学研究,尤其是社会科学研究,不能忽视基于现实思考的解决问题的方案的研究,那就是解决"怎么办"的问题,希望能够给人以解决问题的指导,或是提供技术规范。

人文社会科学体系

基 础 研 究		应 用 研 究
哲 学 理 论	科 学 理 论	实 践 理 论
为什么 (应当是什么)	是什么 曾经是什么	怎么办
价值-规范陈述体系	事实陈述体系	技术-规范陈述体系
确立社会理想或价值	描述社会现象 揭示社会发展规律	指导社会实践

二、人文社会科学研究方法的发展趋势

1810年普鲁士教育部长洪堡(F. W. von Humboldt,1767—1835)创办柏林大学时,就倡导教学与研究相结合,首次将科学研究引入大学教育,随着时代的发展,科学研究更成了研究生教育的重要任务。科学研究的任务是通过发现、思考、探索和创造,揭示事物发展的客观规律,探求客观真理。而科学研究的艰巨性、复杂性和长期性,客观上要求科学研究工作者除具备科学精神和相应学科的科学知识外,还必须掌握一定的科学研究方法。对于想踏上学术之路的研究生或是刚刚"登堂入室"的青年学者来讲,研究方法之重要性,不言而喻。正如苏联生理学家、心理学家巴甫洛夫(И. П. Павлов,1849—1936)所说:"初期研究的障碍,乃在于缺乏研究法。无怪乎人们常说,科学是随着研究法所获得的成就而前进的。研究法每前进一步,我们就更提高一步,随之在我们面前也就开拓了一个充满着种种新鲜事物的、更辽阔的远景。因此,我们头等重要的任务乃是制定研究法。"②

麦克米伦等人(J. H. McMillan & S. Schumacher)将"研究"定义

---

① 陈嘉映.经验科学?[J].云南大学学报(社会科学版),2004(2).
② 巴甫洛夫.巴甫洛夫选集[M].吴生林,等,译.北京:科学出版社,1955:49.

为"为某一目的而收集、分析信息(资料)的系统过程"。① 这个定义道出了研究的两个基本过程：收集资料与分析资料。其实，我们通常讲"研究方法"，也无非是收集资料的方法与分析资料的方法。不同学科、不同研究领域、不同研究主题的性质决定了应采用的研究策略与方法。与自然科学以严格可控的重复性实验不同，人文社会科学研究都涉及人，而人既是群体的又是个体的，既是历史的又是现实的，既是抽象的又是具体的，既是理性的又是情感的。理论性问题的研究，需要收集相关理论研究成果，加以系统的比较分析。实践性问题的研究，诸如研究市场行为的经济学、研究社会运行的社会学、研究权力配置的政治学等学科，所研究的社会现象，尚可通过调查、观察等方法予以客观描述，诸如研究价值与人的心理自由的人文学科，则更多地通过质性研究和体验。

传统的人文社会科学研究，囿于观念范围，以定性研究为主，借助逻辑推理方法，其价值取向是观念的，而非实用的。随着人文社会科学课题的日益复杂化、综合化、具体化，越来越需要应用量化方法，对相关资料、数据进行统计处理和系统分析。20世纪八九十年代以来，以数学方法为核心的量化方法在人文社会科学研究中的应用成为一股潮流。各种数学分支学科，如代数拓扑学、博弈论、泛函分析、统计学等，已直接用于经济学、社会学、政治学等社会科学的研究。经济学，作为应用数学方法最多的学科之一，已发展成许多与数学相关的学科，如数理经济学、经济统计学、经济计量学等。甚至在传统的人文历史学科，也出现了计量历史学等与数理科学相关的研究。

定量方法的应用，招致强调体验、理解、意义与人文性的传统研究者的反对。在定量研究与定性研究的"范式战"过程中，将定性方法和定量方法结合起来使用的混合方法(mixed methods)②应运而生。人们

---

① McMillan, J. H. & Schumacher, S. *Research in education: A conceptual introduction.* New York: Longman, 1997: 9.
② 混合方法研究，被西方学者看成是继定性和定量方法之后的"第三条道路"(Gorard, S. & Taylor, C. *Combining methods in educational and social research.* London: Open University Press, 2004.)、"第三种研究范式"(Johnson, R. B. & Onwuegbuzie, A. J. Mixed methods research: A research paradigm whose time has come. *Educational Researcher*, 2004, 33(7): 14-26.)、"第三次方法论运动"(Tashakkori, A. & Teddlie, C. *Handbook of mixed methods in social and behavioral research.* Thousand Oaks, CA: Sage, 2003.)和"第三种研究共同体"(Teddlie, C. & Tashakkori, A. *Foundations of mixed methods research: Integrating quantitative and qualitative approaches in the social and behavioral sciences.* Thousand Oaks, CA: Sage, 2008.)。

认为,用两种方法比用一种方法能更好地理解研究问题。混合方法被定义为"一种把定性和定量方法用于问题类型、研究方法、数据收集和分析过程和/或推论的研究设计",[1]"调查者在一项单独的研究或调查项目中对定性数据和定量数据进行收集、分析、混合和推断的研究"。[2]混合方法研究的目的是"意义提升"(significance enhancement),其价值在于:(1)"三角互证",即把定量数据的结果与定性数据的结果进行比较;(2)"互补",即在一种方法的结果与其他方法的结果比较中寻求解释、例证、改进和澄清;(3)"发展",用某个方法的结果来丰富另外一种方法的结论;(4)"引发"(initiation),即揭示研究问题重构过程中似是而非的观点和矛盾,描述数据中出现的新观点;(5)"扩展",通过使用多种方法来扩大研究的广度和范围。[3]

三、研究由问题开始

研究由问题开始,中外诸多知名学者在总结他们的研究经验时,大都会提到这一点。著名学者梁启超指出:能够发现问题,是做学问的起点;若凡事不成问题,那便无学问可言了。……所有发明创造,皆由发生问题得来。[4] 著名科学家爱因斯坦(A. Einstein,1879—1955)曾说,提出一个问题往往比解决一个问题更重要更困难,"因为解决一个问题也许仅是一个数学上的或试验上的技能而已,而提出新的问题、新的可能性,从新的角度去看待旧的问题,都需要有创造性的想象力,而且标志着科学的真正进步"。[5] 我们通常讲,做研究要有问题意识。问题意识是一种思维的问题性心理品质,表现为人们在认识活动中,经常意识

---

[1] Tashakkori, A. & Teddlie, C. *Handbook of mixed methods in social and behavioral research*. Thousand Oaks, CA: Sage, 2003: 711.

[2] Tashakkori, A. & Creswell, J. W. The new era of mixed methods. *Journal of Mixed Methods Research*, 2007(1): 4.

[3] Greene, J. C., Carracelli, V. J. & Graham, W. F. Toward a conceptual framework formixed-method evaluation designs. *Educational Evaluation and Policy Analysis*, 1989, 77(3): 255-274. 参见:蒋逸民.作为"第三次方法论运动"的混合方法研究[J].浙江社会科学,2009(10).

[4] 梁启超.指导之方针及选择研究题目之商榷[M]//戴逸.二十世纪中华学案(综合卷1).北京:北京图书馆出版社,1999:119.

[5] 爱因斯坦,英费尔德.物理学的进化[M].周肇威,译.长沙:湖南教育出版社,1999:66.

到一些难以解决的、疑惑的实际问题或理论问题,并产生一种怀疑、困惑、焦虑、探究的心理状态,这种心理又驱使个体积极思维,不断提出问题和解决问题。[1] 在波普尔(K. Popper)看来,"科学只能从问题开始"。科学发现从问题出发,科学理论的创新源自提出新的问题;产生原创性理论的问题有着特定的环境,即"问题情境",问题以及与之相关的猜测和假设都可能具有普遍意义,但问题的出现或发现则要依赖于相对特定的情境;问题存在于(原有)理论与客观现实之间的矛盾(不吻合状态),任何理论都有其解决不了的问题,一旦这样的问题被发现,就可能产生新的理论,所以,"应当把科学设想为从问题到问题的不断进步——从问题到愈来愈深刻的问题"。[2]相比之下,科克斯(R. Cox)虽然认同问题意识是理论的起点,但他更愿意将问题意识定义为在特定历史时期对某些问题或事件的意识,[3]问题是客观事实作用于某种特定环境中的主观意识的产物,问题与特定社会文化视角相适应。[4] 由此看来,人文社会科学研究中的"问题",可以是"新"问题,是随着社会变革与发展而产生的、以现有知识体系无法解释或解决的问题;可以是"老"问题,对那些已做大量研究的问题,可以以不同的理论、不同的研究视角、不同的研究方法加以新的诠释;可以是"老"问题的新变化,随着社会的变化,一些原本存在的问题,其类型、特征、性质等,都发生了某些变化,以原有的研究成果难以解释。

"研究问题"的确定是一个复杂的思维过程,是一个由研究领域到研究主题再到研究问题逐步聚焦的思维过程,不仅要明确拟研究课题的边界条件,更要明确研究过程中拟解决或探索的问题是什么。研究领域一般是指研究课题所在的学术领域。研究"领域"与"学科"有着紧密的联系,但又有差异。日本社会学家富永健一认为,"领域"是指认识

---

[1] 姚本先. 论学生问题意识的培养[J]. 教育研究,1995(10):40.
[2] 卡尔·波普尔.猜想与反驳——科学知识的增长[M].傅季重,等,译.上海:上海译文出版社,2005:319.
[3] 科克斯在与名词的"problem"相区别的意义上使用"problematic",并将其定义为"a historically conditioned awareness of problems and issues"。参见,Cox, R. Social forces, states and world order. In Keohane, R. *Neorealism and its critics*. New York: Columbia University Press,1986:207.
[4] Cox, R. Social forces, states and world order. In Keohane, R. *Neorealism and its critics*. New York: Columbia University Press,1986:207-208,216-217.

和系统化的对象的特定化,"学科"是指认识和系统化原理的特定化;一个对象领域可以由几个不同的学科从多方面进行研究,一个学科也可以研究各个不同的对象领域。① 如此说来,研究领域是拟研究课题的"对象范围"。在确立研究的"对象范围"的基础上,研究者需要进一步将研究视野聚焦,确立"研究主题",即研究的主要方向和研究题目。一般来说,研究题目即确定了拟研究的"问题",但同一个题目,研究视角和研究方法会有所不同,所以,还需要进一步收敛,聚焦"研究问题",我们通常会问,某研究究竟要解决什么"问题"。"研究问题"的确定过程,是一个由开放思维到收敛思维的过程。一般来说,我们确立了一个研究领域之后,需要通过文献检索,了解在这个领域,其他研究者都研究了哪些问题,进展到什么程度,提出了哪些观点,这些观点之间有哪些区别和联系。研究者只有做出文献综述的"谱系图",才能进一步发现、聚焦自己拟研究的"问题"。

中国学术一直遭受"问题"贫困,②其实是"高质量问题"的贫困。超越对现实存在之缺陷的感性认识,从纯粹理智兴趣与逻辑思维出发,以一种价值中立的态度,自主而自由地探索人与社会存在的规律,不仅可以形成所研究的"问题",提高"问题"质量,更是提高人文社会科学研究的整体水平的需要。当然,这取决于研究者研究素养的提升。

四、科学性与人文性的统一

"每个从事与人有关的研究的人都充分地认识到,人们无法为了'客观的'探究而抛弃自己的人性;抛弃自己的人性,既是不可能的,在道德上也是不可取的。"③人文社会科学研究除揭示人文社会世界的本质与发展规律外,还提升出人文精神与科学精神。人文社会的问题既不是单纯的逻辑实证的问题,也不是单纯的语义分析的问题,而首先是历史观、价值观的问题,是社会批判、文化批判所依据、所坚守的理想与

---

① 富永健一.经济社会学[M].天津:南开大学出版社,1984:5-6.
② 崔平.生活提问与逻辑提问——对"问题意识"健全结构的哲学分析[J].北京师范大学学报(社会科学版),2007(4).
③ 格巴,林肯.自然主义探究的认识论和方法论基础[M].顾建民,译.夏孝川,校//叶澜,施良方.教育研究方法.北京:人民教育出版社,1988:291.

信念的问题①。作为知识分子的人文社会科学家,是"为理念而生的人"②。人类的经验事实是客观存在,但人文社会科学研究中对经验事实的选择,却与历史观、价值观有着紧密的联系。

基于人性的复杂及其丰富的展现形式,人文科学并不追求能普遍认同的发展规律,而是针对各种文化现象探索人性的深度和广度,描述各种具体的人性及其文化表现。正因为如此,人文科学的一个显著特点就是目标的求异性和成果的多样性。"所谓'人文精神',正是从各门'人文科学'中抽取出来的'人文领域'的共同问题和核心方面——对人生意义的追求。"③人文精神关注人的审美情感、道德理想、人格完整和终极关怀等文化价值。

在定量研究日盛的情况下,社会科学的人文性追求正面临被消解的危险。社会科学通过对人类文化与社会本质、发展规律的研究,在追求科学性的同时,仍需要通过语言、行为、文字、实物等来进行研究,从而探讨与人类生存、发展、幸福有关的价值与意义,探索包括生活的意义、价值、理想、信念、精神境界等在内的生命与人文意义,丰富人类的精神世界,提升生活质量,指导改造社会的实践活动。

"批判"是人文社会科学研究的根本特点之一,④康德(I. Kant,1724—1804)确立了"批判"在哲学领域的合法地位,赋予"批判"以哲学意义上的理论内涵,主张对人的理性认识能力进行批判性的检讨和反省,并进一步认为一切事物都必须在理性面前接受批判。后世学者的批判思想,都源于康德所确立的批判精神。人文社会科学研究,通过考问科学上和日常生活中所使用的那些原则,不断"考问"时代的问题,深度挖掘问题产生的现实根源,直指问题产生的前提,在理论上和思维上予以

---

① 劳凯声.人文社会科学研究的问题意识、学理意识和方法意识[J].北京师范大学学报(社会科学版),2009(1).
② 刘易斯·科塞.理念人——一项社会学的考察[M].郭方,等,译.北京:中央编译出版社,2001:2.
③ 王晓明.人文精神寻思录[M].上海:文汇出版社,1996:207.
④ 从词源学角度讲,"批判"一词,德文为"kritik",英文为"criticize",均源于古希腊语"Krino"及其名词"Krisis",其原意为"区分"、"选择性地评判"、"分隔"并"加以筛选"。古希腊语境中,批判主要是用于文学批评;中世纪,批判主要是被用作医学名词,表示"危象"和"病情危急";到文艺复兴时期,批判的语义重新返回到古希腊的语境中,用于文学批评。参见,韦勒克.批评的概念[M].张今言,译.北京:中国美术学院出版社,1999:20-21.

澄清;同时,确立新的解释框架,并依此重新阐释已有问题,使问题能够在批判中获得新的生命活力。由此,批判不是简单的驳斥,不是一味的否定,批判是既克服也保留,是既继承也发展,批判意味着扬弃。人文社会科学研究的目的,不在于知识的传统,而在于思想的获得;不在于破坏性的摧毁,而在于建设性的重构,批判意味着合理重建和再塑传统。

五、历史与逻辑的统一

逻辑与历史统一的思想,首先是由黑格尔(G.W.F. Hegel,1770—1831)提出来的,[①]但他把历史现象看作是逻辑过程中事先安排好的东西,认为先有逻辑,后有历史,逻辑和历史统一于"绝对精神"。马克思和恩格斯从唯物主义的基本立场出发,批判改造了黑格尔的逻辑与历史的统一的方法,使之成为科学的辩证逻辑的方法。人文社会科学研究中的逻辑与历史统一,包括:(1)使研究的逻辑进程与客观现实的历史发展进程相一致。正如恩格斯所说:"历史从哪里开始,思想进程也应当从哪里开始,而思想进程的进一步发展不过是历史过程在抽象的、理论上前后一贯的形式上的反映。"[②](2)人文社会科学理论的逻辑进程与关于对象认识发展的历史进程相一致,人文社会科学各门学科的概念、范畴的发展与其理论的历史发展进程相一致。(3)思维科学的理论与认识史、思想史相一致,个体的思维规律与整个人类思维发展规律相一致。人类的发展与社会的发展是客观存在,人文社会科学的研究成果,包含了人类发展与社会发展的无数细节和偶然因素,是对历史的总结和概括。具体的人文社会科学研究,要放在历史发展的长河中加以考察,从而发现论题本身的规律性与现实独特性。坚持逻辑与历史的统一,需要辩证地处理历史方法和逻辑方法的相互关系。历史方法重在描述,依照

---

① 黑格尔在《哲学史讲演录》中指出:"历史上的那些哲学系统的次序,与理念里的那些概念规定的逻辑推演的次序是相同的。我认为:如果我们能够对哲学史里出现的各个系统的基本概念,完全剥掉它们的外在形态和特殊应用,我们就可以得到理念自身发展的各个不同阶段的逻辑概念了。反之,如果掌握了逻辑的进程,我们亦可从它里面的各个主要环节得到历史现象的进程。"(黑格尔.哲学史讲演录(第1卷)[M].贺麟,王太庆,译.北京:商务印书馆,1981:34.)他在《逻辑学》中又说:"那在科学上是最初的东西,必定会表明在历史上也是最初的东西。"(黑格尔.逻辑学(上卷)[M].杨一之,译.北京:商务印书馆,1986:77.)

② 恩格斯,卡尔·马克思.政治经济学批判[M]// 中共中央马克思恩格斯列宁斯大林著作编译局.马克思恩格斯选集(第2卷).北京:人民出版社,1995:122.

对象发展的自然进程揭示其规律;逻辑方法重在思维,用概念、范畴、理论等形式概括反映对象发展的规律。因此,在人文社会科学研究中,逻辑分析要以历史发展为基础,历史描述要以逻辑联系为依据。

人文社会科学研究中的逻辑分析过程,是一个概念化、系统化、理论化的过程,这一过程贯穿人文社会科学研究的始终,从研究问题的概念化,到研究的内容的逻辑关系系统化,到成果表达的理论化,无不需要逻辑分析的支持。

六、坚守人文社会科学研究的规范与伦理

随着科学研究事业的繁荣以及人们在科学研究过程中的功利性追求的不断加剧,许多国家的研究组织都制定了研究规范,并加强研究规范、研究伦理教育。这里涉及三个相互关联的问题:研究规范、研究伦理、学术道德。

在美国研究诚信办公室(Office of Research Integrity,ORI)和美国国家自然科学基金会(National Science Foundation)的资助下,美国研究生院委员会(Council of Graduate School,CGS)启动的美国研究生负责任研究行为(Responsible Conduct of Research,RCR)教育计划就是一项在研究生院大学推行的旨在加强对研究生的科研诚信教育的示范项目。[①] 随着项目的开展,许多大学与研究院所对 RCR 教育的重要性的认识也不断提高,不少学校发展了 RCR 系列网络教程,积累了丰富的 RCR 教育资源。根据美国研究诚信办公室提出的 RCR 教育目标,RCR 教育的内容涉及九个方面:[②]

- 数据采集、管理共享与所有权(Data Acquisition, Management

[①] 20 世纪 90 年代初,美国国家卫生研究所(National Institute of Health,NIH)要求所有承担政府资助研究项目的研究人员(包括研究生)必须完成基本的科学伦理道德的培训。1992 年,美国研究诚信办公室由科学诚信办公室与科学诚信审核办公室合并组成,该办公室的主要任务之一就是推进 RCR 教育。随后,美国研究诚信办公室先后资助启动了分别针对研究生、博士后、科学研究院以及管理机构的 RCR 教育计划。进入 21 世纪后,随着社会对 RCR 教育认识的日益明确,2001 年卫生与公共事业部下属的多个部门召开教育峰会决定成立了 RCR 教育协会(The Responsible Conduct of Research Education Consortium,RCREC)。协会的主要任务是发展 RCR 教育标准,确保标准的执行,推进研究机构之间的 RCR 教育的交流,评价 RCR 教育的成效。2006 年 RCREC 同应用与职业道德委员会(Association for Practical and Professional Ethic,APPE)合并组成 RCR 教育委员会。

[②] http://ori.hhs.gov/education/

Sharing and Ownership）；
- 利益冲突与履行承诺（Conflict of Interest and Commitment）；
- 人类被试（Human Subjects）；
- 动物福利（Animal Welfare）；
- 科研不端行为（Research Misconduct）；
- 成果发表与作者责任（Publication Practices and Responsible Authorship）；
- 导师/学生责任（Mentor/Trainee Responsibilities）；
- 同行评议（Peer Review）；
- 科研合作（Collaborative Science）。

在我国，教育部社会科学委员会学风建设委员会组织编写了《高校人文社会科学学术规范指南》，科学技术部科研诚信办公室组织编写了《科研活动诚信指南》。[①] 关于"学术规范"，《高校人文社会科学学术规范指南》指出："学术规范是根据学术发展规律制定的有关学术活动的基本准则，反映了学术活动长期积累的经验。学术共同体成员应自觉遵守。学术规范是为了防范学术研究中可能出现的失误与偏差，为学术研究创造一个公平、公正、有序的环境，保障和推动学术研究持续、文明、健康的发展，增强学术共同体的凝聚力，保障学术共同体的和谐。"[②] 为了规范我国的科学研究，中华人民共和国国家质量监督检验检疫总局和中国国家标准化管理委员会于2005年颁布《中华人民共和国国家标准·文后参考文献著录规则》（GB/T 7714-2005）。[③] 对人文社会科学研究工作者，尤其是初学者而言，从一开始就规范引文著录格式，养成一个良好的研究习惯，极为重要。

学术道德问题是近年来科研领域面临的极为严重的问题，为学界所诟病的学术不端行为（不正当的研究行为），是指那些学术共同体成员违反学术准则、损害学术公正的行为。《高校人文社会科学学术规范

[①] 科学技术文献出版社，2009年版。
[②] 教育部社会科学委员会学风建设委员会.高校人文社会科学学术规范指南[M].北京：高等教育出版社，2009：3.
[③] 中华人民共和国国家质量监督检验检疫总局，中国国家标准化管理委员会.中华人民共和国国家标准·文后参考文献著录规则（GB/T 7714-2005）[EB/OL].[2005-03-23][2011-05-18] http://www.chinaios.com/BZ-shuju/standshow.asp?table=gbtwo&id=16510

指南》列举了八种学术不端行为,对于所有从事人文社会科学研究的学者而言,都须引以为戒:

- 抄袭剽窃、侵吞他人学术成果;
- 篡改他人学术成果;
- 伪造或者篡改数据、文献、捏造事实;
- 伪造注释;
- 没有参加创作,在他人学术成果上署名;
- 未经他人许可,不当使用他人署名;
- 违反正当程序或者放弃学术标准,进行不当学术评价;
- 对学术批评者进行压制、打击或者报复等。①

　　以上所谈,是笔者在指导研究生过程中的心得,择其一二,挂一漏万。研究需要方法的支持,方法得于教育。基于此,笔者到华东师范大学研究生院工作以后,就与同事商讨,在研究生教育过程中开设供全体人文社会科学专业研究生选修的"研究方法"类课程;今适逢上海教育出版社近期推出"研究方法"类丛书,其用心,可谓异曲同工。这套"研究方法"类丛书,为教育、心理、社会学等社会学科的研究生和学术人员提供一系列社会科学研究规范、方法与技能方面的指导,包括研究方法和策略、文献综述、引注规范、学术写作策略等,对于人文社会科学研究的初学者,特别是人文社会科学的研究生而言,可谓"雪中送炭"。所选择的图书有一个共同的特点:实用、简洁。在实用性方面,作者都是在研究方法和学术写作指导方面有丰富经验的学者和教师,充分了解研究生在从事研究的过程中的问题和困惑,因而能够十分有针对性地提供建议;写作上着重讲述步骤和方法,较少理论阐述,充分体现了注重操作的特点。写作风格上,本套丛书倾向于简洁明快,用较少的篇幅指出要点,书中的要点提示、小结、自测表等也可以帮助读者快速掌握相关操作。

　　特向读者推荐。

---

①　教育部社会科学委员会学风建设委员会.高校人文社会科学学术规范指南[M].北京:高等教育出版社,2009:5.

第一步　选择主题

- ❖ 任务一：选择研究兴趣

- ❖ 任务二：从个人兴趣中提炼出研究兴趣
  - 活动一　研究兴趣的具体化
  - 活动二　研究兴趣的聚焦
  - 活动三　选择研究角度
  - 活动四　反思：选择研究兴趣的关键

- ❖ 任务三：根据研究兴趣初步确定研究主题
  - 活动一　熟悉学科术语
  - 活动二　掌握将要研究课题领域的学术话语
  - 活动三　咨询图书馆研究员

- ❖ 任务四：撰写关于初步研究主题的陈述

第二步　文献检索

- ❖ 任务一：选择需要阅读的文献

- ❖ 任务二：进行文献检索
  - 活动一　资料整理
  - 活动二　浏览文献
  - 活动三　快速阅读文献
  - 活动四　资料图表化
  - 活动五　写研究备忘录

- ❖ 任务三：提炼研究主题

文献综述流程图

第三步　展开论证

- 概念一：为文献综述建立论证方案
- 概念二：论证
- 概念三：评价论证的基本要素
- 概念四：形成论断
- 概念五：提供证据
- 概念六：推理——从证据到论断的逻辑过程
- 概念七：复杂论点的论证

> 第三步为第四步"文献研究"提供了概念基础

第四步　文献研究

- 任务一：集中收集到的资料

  - 活动　对资料进行编目

- 任务二：综合信息

- 任务三：分析资料类型

  - 活动一　发现式论证制图
  - 活动二　论证分析

第五步　文献批评

- ❖ 概念一：隐含推理
- ❖ 概念二：二度论证
- ❖ 概念三：论证模式
- ❖ 概念四：推理保障
- ❖ 概念五：谬误论证
- ❖ 概念六：方案即一切

第五步为第六步"综述撰写"提供了概念基础

第六步　综述撰写

- ❖ 任务一：通过写作增进自身理解
  - 活动一　复习笔记和备忘录
  - 活动二　探究性写作
  - 活动三　大纲设计
  - 活动四　最初的初稿

- ❖ 任务二：通过写作促进他人理解
  - 活动一　撰写初稿
  - 活动二　撰写第二稿和第三稿
  - 活动三　完成终稿

✓ 提交文献综述

Corwin 出版社诚挚感谢以下评阅人的意见：

威廉·坎普　博士
康奈尔大学教育系教授

大卫·福里塔斯　博士
印第安纳大学南本德分校教育学院教授

卡尔·格兰特
威斯康辛大学麦迪逊分校教授

理查德·科洛夫
加利福尼亚州立大学荣誉教授

斯科特·麦克里奥
爱荷华州立大学教育技术领导研究中心主任

英文版序言

本书是研究、论证和文献综述写作的行动指南。即使对于资深的研究者来说,文献综述也是一项复杂的工作。人们往往要通过不断碰壁和反复摸索来学习撰写文献综述。要顺利完成一项文献综述,要求研究者具备很多技能,如缩小研究主题、聚焦检索文献等。此外,研究者还要使用必要的工具,去查阅与研究主题相关的大量书籍、期刊和报告。因此,本书的目的就是综合介绍经验丰富的研究者所采用的一些策略、工具和技巧,以资借鉴。

1. 本书第二版的内容作了重新编排,更易于读者使用。

- 部分章节增加了有用的参考资料、网络工具和在线支持。
- 研究与组织管理任务,以及参考书目,如今可以运用网络工具或传统方法,或者两者结合的方法来完成。
- 在内页绘制了新的文献综述流程图,引导读者掌握各个步骤、任务、活动和概念,以成功撰写出文献综述。
- 每一章的开头都提供了这一阶段的流程图,帮助读者掌握相关概念、任务和活动。
- 每一章的开头都列出了本章涉及的关键词及其定义。

2. 扩充并增加了部分图表、小贴士和示例,指明了在写作文献综述的早期阶段何时写及如何写。这些方法,包括日志和备忘录的使用,能够帮助读者在最后撰写综述的时候更为便利和高效。

3. 本书结构更易于掌握。各章节之间呈流线型。重要的概念和任务都给出了明确的定义。对文献综述的每一个步骤,描述都更加简洁,以便读者使用。

读者对象

正在考虑攻读更高学位,但还未作出决定的人,可阅读本书,以提前了解获得一个学位需要做些什么。初级研究者可以通过本书学习一些研究技能,有研究经验的学生则可以通过本书来巩固自己的研究技能,学习一些新知识。本书针对两个研究人群:撰写硕士论文和博士论文的研究生。需要完成课程作业或硕士研究项目的学生可以参考本书中第一类文献综述(即基本文献综述)的写作方法,也就是对某个具体主题的研究现状进行总结和评价的文献综述。有些硕士论文和大部分博士论文则要求更复杂、更有深度的文献综述——本书也讲述了这类文献综述(即高级文献综述)的写作方法,也就是使用图书馆(或网络)检索信息进行论证,并确定原创性的研究问题。

本书以教育学科为例展开讲解,但书中的例子、策略和工具可以为更广泛的社会科学领域的读者所借鉴。因为教育学科是应用型的科学,所以书中所举的大部分例子和策略,都考虑到了不同学科角度的文献,包括社会和组织心理学、社会学和团体心理学等。因此,本书对于这些学科的研究生来说也非常有用。

特色和结构

所有的学生,不管是低年级学生还是高年级学生,都可以依照开门见山的操作指南来构建主题、管理信息、展开论证,并学习到撰写一篇出色的文献综述所需要的写作技能。掌握一些研究技巧可以使撰写文献综述成为一种高效、愉快的经历。本书通过讲解文献综述的六个步骤来引导读者完成研究课题。这些步骤如下:

- ◆ 第一步　选择主题——从日常兴趣到研究主题
- ◆ 第二步　文献检索——检索任务和方式
- ◆ 第三步　展开论证——为文献综述建立论证方案

- ◆ 第四步　文献研究——进行发现式论证
- ◆ 第五步　文献批评——对研究进行阐释
- ◆ 第六步　综述撰写——撰写、审核、修改

每章针对一个具体的步骤进行讲解。此外，书中还有一些辅助性工具帮助读者理解和掌握学习内容。这些辅助工具是：

- ◆ 关键词：每一章的开头都列举了本章的关键词，便于读者聚焦核心观点。
- ◆ 练习：使读者参与其中。引导性的练习和例子可以检验读者对本章内容的理解。
- ◆ 技术参考：推荐软件资源，帮助读者轻松地组织资料和修改论文。
- ◆ 图、表和模型：突出呈现研究的中心主题，利用图片把错综复杂的主题及其研究步骤表现得更为清晰。
- ◆ 小贴士：每章的最后都有一个小贴士，向读者提供掌握和使用每章内容的具体建议。这些小贴士可以帮助读者把学习内容立即应用于实践。
- ◆ 小结：每章都有一个小结。它对该章内容进行简单的概括，可以帮助读者复习和回顾该章的学习内容。
- ◆ 自测表：每章的最后都有一份自测表，读者可以对照检查整个文献综述的进展过程。

要成功地撰写一篇文献综述，你有两个选择：你可以选择一本像本书一样的指南手册作为指导来进行有组织的写作；你也可以盲目地一头钻进研究主题，花费大量时间查找资料，并且祈祷能够写出好论文。有经验的研究者知道，不断地尝试和失败不仅会令人沮丧、浪费时间，而且很少获得成功。你不妨认真学习本书介绍的方法，这可以帮助你减少写作过程中的艰辛，为你节约时间。

目 录 | Contents

前　言　文献综述的过程——准备出发 1
　　文献综述的目的 / 2
　　文献综述的定义 / 4
　　文献综述的过程 / 4
　　质疑：必要的前提 / 6
　　研究伦理 / 7
　　在开始写作之前，认真积累和准备 / 8
　　小贴士 / 10
　　小结 / 10
　　自测表 / 11

第一步　选择主题——从日常兴趣到研究主题 13
　　任务一：选择研究兴趣 / 16
　　　　练习 / 17
　　　　研究者的偏见 / 18
　　任务二：从个人兴趣中提炼出研究兴趣 / 20
　　　　活动一　研究兴趣的具体化 / 20
　　　　活动二　研究兴趣的聚焦 / 21
　　　　活动三　选择研究角度 / 22
　　　　活动四　反思：选择研究兴趣的关键 / 23
　　任务三：根据研究兴趣初步确定研究主题 / 25
　　　　图书馆使用规则 / 29
　　任务四：撰写关于初步研究主题的陈述 / 31

　　　　　　小贴士 / 33
　　　　　　小结 / 33
　　　　　　自测表 / 33

第二步　文献检索——检索任务和方式　　36
　　　　任务一：选择需要阅读的文献 / 38
　　　　任务二：进行文献检索 / 39
　　　　　　活动一　资料整理 / 40
　　　　　　活动二　浏览文献 / 42
　　　　　　活动三　快速阅读文献 / 47
　　　　　　活动四　资料图表化 / 48
　　　　　　活动五　写研究备忘录 / 52
　　　　任务三：提炼研究主题 / 53
　　　　小贴士 / 55
　　　　小结 / 55
　　　　自测表 / 56

第三步　展开论证——为文献综述建立论证方案　　58
　　　　概念一：为文献综述建立论证方案 / 59
　　　　概念二：论证 / 61
　　　　概念三：评价论证的基本要素 / 61
　　　　概念四：形成论断 / 64
　　　　　　论断 / 64
　　　　　　论断的可接受性 / 66
　　　　概念五：提供证据 / 68
　　　　　　资料 vs.证据 / 68
　　　　　　资料的质量 / 69
　　　　　　资料的相关性 / 70
　　　　　　限定论断 / 70
　　　　概念六：推理——从证据到论断的逻辑过程 / 71

概念七：复杂论点的论证 / 73
小贴士 / 75
小结 / 75
自测表 / 76

第四步　文献研究——进行发现式论证　78

任务一：集中收集到的资料 / 80
　　活动　对资料进行编目 / 80
任务二：综合信息 / 82
　　活动一　组织信息，建立证据 / 82
　　活动二　完善信息，建立论断 / 87
任务三：分析资料类型 / 88
　　复杂推理 / 89
　　对比推理 / 90
　　进行发现式论证：示例 / 90
　　活动一　发现式论证制图 / 93
　　活动二　论证分析 / 93
小贴士 / 94
小结 / 94
自测表 / 95

第五步　文献批评——对研究进行阐释　98

概念一：隐含推理 / 99
概念二：二度论证 / 100
概念三：论证模式 / 102
概念四：推理保障 / 107
概念五：谬误论证 / 111
概念六：方案即一切 / 113
小贴士 / 113
小结 / 114

　　　　自测表 / 114

第六步　综述撰写——撰写、审核、修改　116
　　写作过程：概述 / 118
　　任务一：通过写作增进自身理解 / 119
　　　　　活动一　复习笔记和备忘录 / 120
　　　　　活动二　探究性写作 / 120
　　　　　活动三　大纲设计 / 122
　　　　　活动四　最初的初稿 / 130
　　任务二：通过写作促进他人理解 / 133
　　　　　活动一　撰写初稿 / 134
　　　　　活动二　撰写第二稿和第三稿 / 136
　　　　　活动三　完成终稿 / 137
　　　　　写作格式手册 / 138
　　小贴士 / 139
　　结束语 / 139

参考书目 / 141
译者后记 / 143

前　　言
文献综述的过程——准备出发

要想跑得快,先学走得稳。

> **关　键　词**
>
> **基本文献综述**(basic literature review)——一种通过展开论证过程来建立论题的书面文体。文献综述要对有关研究问题的现有知识进行综合评述。
>
> **高级文献综述**(advanced literature review)——在基本文献综述的基础上提出一个原创性研究问题,从而进行深入研究论证。
>
> **研究主题**(topic)——由个人兴趣、具体学科以及对主要相关著作和核心概念的理解界定而来的研究领域。
>
> **研究论题**(thesis)——基于一个论证方案而得出的结论,并且该论证方案是通过对现有知识,充足的论据和合理的论断的利用发展而来。

也许你需要写一篇文献综述。这篇综述可能是你在完成一份课堂作业、一篇硕士论文或博士论文之前必须做的基础性工作。不管你是一个初学者还是有经验的研究者,撰写综述的原因可能同出一辙:你想要提高技能和增长知识。你想去学习,并圆满地完成工作。要成功,你就要避免一个常见的现象:"有些人往往缺乏第一次就把事情做好的耐心和远见,却有无限的耐心和能力去一次又一次地返工。"

值得庆幸的是,你不用自己"重新发明"一个文献综述的过程,不用反复尝试、反复失败。现成的步骤和技能能够帮助你更容易、更高效地完成任务。本书提供了撰写文献综述的方法和途径。认真使用本书,你会成功地到达目的地。本书结合研究者的经验和其他信息,提供了一些研究小贴士和研究工具。掌握本书提供的这些信息,你可以节约写作时间,减少写作过程中出现的大大小小的麻烦。这样,你就能把握文献综述写作的进程,达到自己满意的效果。

本书的前言部分将告诉你如何选定目标,也就是如何选定你所做的文献综述的目标。开始的时候,你要问自己:"我的论文是要呈现有关研究课题的现有知识,还是要对研究的问题进行论证,以便做进一步的深入研究?"

文献综述的目的

文献综述的目的因研究的性质不同而不同。如果你的研究目的是要展现有关某个研究课题的现有知识,那么你要做的是一个基本文献综述。如果你的目的是要揭示一个研究问题,从而进行深入研究,那么你要做的是一个高级文献综述。

基本文献综述(见图 0.1)是对有关研究课题的现有知识进行总结和评价。它的目的是陈述现有知识的状况,这可以作为一个研究论题(thesis)。

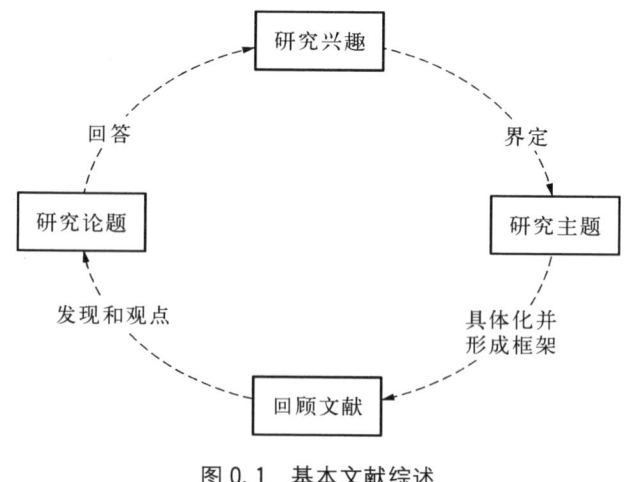

图 0.1 基本文献综述

基本文献综述从选择和确立研究兴趣或研究话题(issue)开始——这就是研究问题(study question)。随着写作的不断进行,研究问题将不断缩小和澄清,成为一个研究主题(topic)。研究主题为文献综述提供了具体指向和框架。文献综述必须包括:一个研究论题的发现、论者的观点,以及对研究问题的回答。一般来说,不管是一份课程作业还是一篇硕士论文,都会要求有一个基本文献综述。

高级文献综述(见图0.2)还有其他的要求,目的在于质疑有关研究问题的现有知识,从而确定新的研究领域。它也要选择研究兴趣和主题,之后再对相关文献进行回顾,确立研究论题。这时,它要提出进一步的研究,从而建立一个研究项目,这个研究将得出新的发现和结论。高级文献综述是确立原创性研究问题的基础,也是对一个研究问题进行探索的基础。

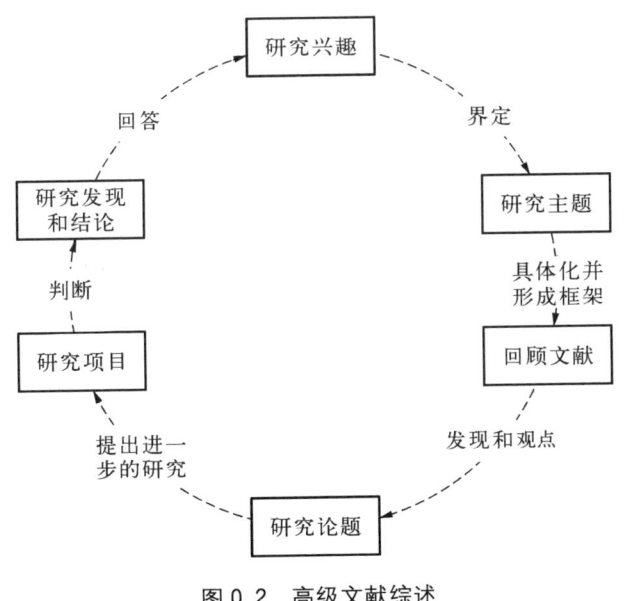

图0.2 高级文献综述

在高级文献综述中,研究者首先陈述有关研究问题的现有知识。根据发现,研究者提出研究论题,即哪方面还需要深入研究。高级的硕士论文和所有的博士论文都以高级文献综述为寻找研究课题中未知领域的垫脚石。

虽然基本文献综述和高级文献综述包含的任务内容有所不同,但是它们呈现知识和提出论题的方式是相似和并行不悖的。

文献综述的定义

文献综述是一种**书面论证**(written argument),它建立在前人研究的基础上。研究者从前人的研究中寻找到可信的证据,建立自己的论据,从而将一个论题推向前进。它为人们了解有关某一研究主题的现有知识服务,提供环境和背景性的信息,并列出逻辑论据来证明有关某一论题的观点。下面是我们对文献综述的定义:

> 文献综述是一种书面论证。它依据对研究主题现有知识的全面理解,建立一个合理的逻辑论证;通过论证,得出一个令人信服的论点,回答研究问题。

文献综述的过程

文献综述对选定的研究主题进行有组织的研究。图0.3描述了文献综述的几个步骤。文献综述的撰写是推进性的,它有六个步骤,其中每一步的工作都为下一步打下基础。

下面是对六个步骤的简要说明。

第一步:选择主题

一个好的研究主题通常是从对现实问题的兴趣中产生的。研究者必须对有关兴趣的陈述进行合适的改写,将其从日常生活中的语言转化为专业的学术语言。

这个研究主题必须是一个明确的问题,并与具体的学术领域相联系。使用学科语言、提炼研究兴趣、选择学术观点,这是建立研究主题的必经之路。第一步也是写作过程的开始,你从这里开始写研究日志,它可以使你的想法和计划更清晰明确。这些任务完成之后就可以得出一个确定的研究主题,从而为第二步指出方向。

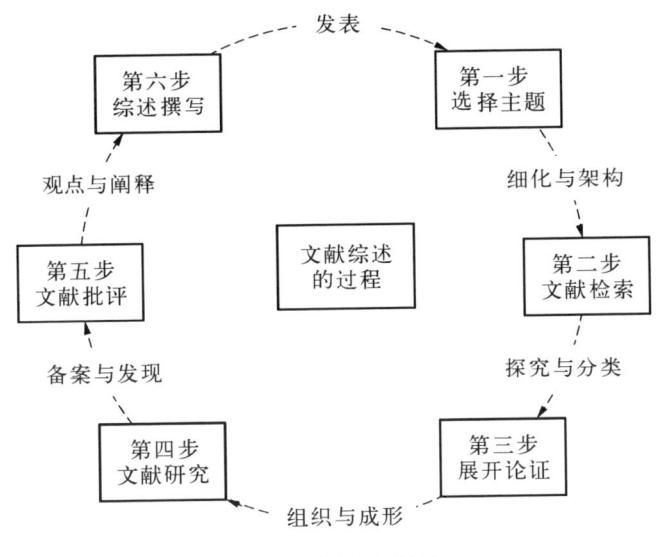

图 0.3 文献综述模型

第二步：文献检索

文献检索决定文献综述将包含的信息。文献检索的任务是选择信息，找出能支持论题的最有力的资料证据。在检索文献时，必须预览、选择和组织资料，可以借助浏览、资料快速阅读和资料制图等技巧对相关资料加以分类和存储。

第三步：展开论证

要成功地论证主题，需要建立和呈现论证方案。论证方案要对论断进行逻辑安排，对相关资料加以组织，使之成为证据主体。证据主体则要对关于研究课题的现有知识进行解释。

第四步：文献研究

文献研究对检索到的资料进行集中、综合和分析，从而建立探究式论证。依据证据，建立一系列合乎逻辑的、可信的结论和论断。这些结论就是阐释研究问题的基础。

第五步：文献批评

文献批评是对文献研究中发现的证据的理解，你需要对证据进行逻辑安排，使其组合成一个可证明论题的合理论证过程，然后分析现有的知识是如何回答研究问题的。

第六步：综述撰写

撰写综述最后得到的是包含研究项目成果的资料。通过构思、塑造、修改，文献综述成为一份可以准确传递研究内容，让目标读者明白研究问题的书面资料。论文写作者要经过撰写、审读和修改等步骤创作出精雕细琢的成稿，前面五个步骤的写作是最终成果的基础。

以上对文献综述的描述虽然简略，但可以让你初步了解你已经掌握了哪些知识，还需要学习哪些知识。后面的部分将详细讲述每一个步骤的具体细节，帮助你完成每一个任务，从而建立一个强有力的论题立场，写出一份漂亮的文献综述。我们现在要讨论一些基本要素——质疑、研究者精神和研究计划。

质疑：必要的前提

所有成功的研究都始于提出疑问。研究者必须善于提出疑问，有好奇心，并且善于学习和发现。研究者必须有直觉，能够觉察到现有知识的不充分之处，要有足够的洞察力去发现不足。

好奇心可以激发探索未知的火花。这种热情可以使最初的研究开始萌芽。善于提出疑问的研究者带着这样的问题开始他们的研究："为什么……？假如……？这是真的吗？"这些以及类似的问题可以激发质疑。

- 善于提出疑问的研究者知道，每一个人都有其偏见、观点、个人信仰、价值观和个人经历。这些因素使每个人都有自己独特的研究视角。虽然这些是基本的人性特点，但是研究者在进行研究时要将它们排除。个人的观点不应影响研究者的思考，不干扰研究过程，这是理想的状态。
- 研究者在研究过程中要保持开放的思想。研究者要客观，去除个人偏好，不可以预先下结论。要接受任何可能的结果，排除预定程序，认真衡量每一个证据的价值。

- 善于提出疑问的研究者有锐利的眼睛。他寻找记录下的资料之间的细微差别,不断探询资料之间的联系和资料类型。他可以看到树木,也可以看到森林。
- 善于提出疑问的研究者要进行批判性思考,衡量所有资料的正确性和价值。他寻找证据,检验任何问题的正反面,并通过具有充分证据的有力论证来提出论点。
- 善于提出疑问的研究者是勤奋的。他知道扎实的研究来自长时间的艰辛工作。资料的鉴别、收集、分类和存储需要大量时间,是没有捷径可循的,所以好的研究都建立在对事实完整调查的基础之上。任何一个做侦探的人都知道,成功完成调查要有"踏破铁鞋"的耐力。
- 善于提出疑问的研究者是考虑周全的。他在研究中不断推理,并对任何事提出疑问。研究和研究者在不断地自我审查:"我完成了什么?有什么意义?有什么作用?下一步应该做什么?"他不断学习,不断反思过去,从而指导现在的工作。在检验现在的工作的同时,为将来的研究找到最好的方向。
- 善于提出疑问的研究者的工作是符合道德要求的。窃取别人的观点和话语是绝对不可以的。有道德的研究者应该感谢所有前人,他明白牛顿(Isaac Newton)在给罗伯特·胡克(Robert Hooke)的信中提到的这句话:"如果说你看得更远,那是因为你站在巨人的肩膀上。"

研究伦理

每一项工作都有其道德规范,研究和写作也不例外。在开始写作之前,请认真想想下列准则。
- 不要在脱离上下文的情况下使用数据。不可以为了证明自己偏好的结果而操控数据。这不仅仅是为了避免编造数据,也是为了排除夸大数据价值的可能性。
- 自己去研究。图书馆的研究员和研究助理只是为你指明方向。他们不能代替你去具体的研究地点和图书馆藏地寻找你想要的资料。
- 展示你认为属实的内容。不要使用存在谬误的论证来证明你的研究案例。
- 呈现问题的各个方面。不要通过省略不一致的证据来使你的论证显得更有说服力。在研究中你是要寻找事实,而不是强加个人观点。
- 剽窃指的不仅仅是使用另一个人的话,也包括把源于别人的观点和想法作为自己的观点在文中呈现出来。如果不多加小心的话,很容易就会在文献综述中掺入剽窃的成分。
- 你应当是你文献综述的唯一作者。读者和编辑的意见会对你很有帮助,但是他们的角色只能提出建议,而不能成为你研究项目的作者。

这些行为规范是产出高质量作品、进行有道德的研究和探索真正科学的工具。记住:"要想跑得快,先学走得稳。"

在开始写作之前,认真积累和准备

成功的旅行需要计划和准备,文献综述(在某种程度上也是一种旅行)也是如此。成功的研究者必须有身体和精神上的准备,并且要有行动方案。写出好的文献综述需要有集中的时间和勤奋努力,这就需要对日常生活进行重新安排。像文献综述这样的研究项目不可能是"在时间允许的时候进行",因为时间是不可能允许的。我们要做的不是把这个工作添加到已经很忙碌的生活中去,而是制订一个新的时间计划,从中找到解决方式。

首先,要创造一个不被干扰的工作环境。确保工作场所有好的采光,各种必需工具应该伸手可及。你需要一台电脑,有网络连接,可以打印和复印,有记事本、写作工具和储存空间。你还需要至少一部高质量的字典和专业词典。参考书籍、研究方法和写作技巧也非常重要。在开始工作之前设计空间,并做好安排。

与任何复杂的研究项目一样,文献综述需要集中注意力。好的精神状态需要心态的稳定平衡。工作的时候,必须在精神上和心理上保持积极状态。如果压力侵入了你的精神空间,那么注意力就会减少或消失。沉思是保持情绪稳定的好办法。新的一天的研究开始时,先把情绪和压力放在一边(它们在后面过程中会出现的),告诉自己你现在准备好开始工作了,这时再开始工作。记住,专心致志就是一切!

计划可以提高效率。建立一个三层次的计划。首先,制作一个整体的计划和时间安排;然后,把整体的计划分解成一些短期目标;最后,建立每天的计划,把前面的部分再分成以天为单位的部分。记住,计划意味着目标。可以允许自己修改计划,不要一成不变地进行。计划提供给你努力的方向和工作的组织方式。你通过计划形成一整套方案,以帮助自己应对在文献综述中可能碰到的多重而又复杂的问题。下面是建立计划的几点建议。

1. 建立整体的计划。使用文献综述模型(见图0.3)制订整体计划。首先,估计每个月的研究时间。以小时为单位,估算完成每一步任务所需要的时间。如果你不善于安排完成任务的时间,那么向有经验的同事或指导人员咨询。然后,建立整体计划和时间轴。确定要保留额外的时间以备不时之需。

2. 对你研究的整体安排进行分割,分割的每一部分都可以包含一个短期目标。分割的标准可以是时间或任务。如果以时间作为进程的标尺,那么可以选择按照月份来分割。如果以任务完成情况为标尺,那就可以按照文献综述模型(见图0.3)中的步骤来分割。安排好部分工作的时间,必要时对整体计划作出适当调整。按照一定标准进行的分割可以推动工作进程。它提供给你一个稳定的进度表。这时工作就变得有章可循了。

3. 设定每天的计划。每一段工作时间都必须有目标。每天都要问自己:"我今天都做了什么?"如果可能,每段工作时间至少应有两个小时的时长。早晨工作对于很多人来说是最好的,因为家中或图书馆中很安静,你更容易集中注意力。对于你来说,也可能其他的时间更好。找一个没有干扰、环境安静的时间工作。给自己充足的时间,这样就可以在每一步的安排中完成大量的工作。我们推荐以天为单位安排每部分工作的时长。每天两个小时作为一个工作时间段不太实际,以天为单位则更为实际。在工作时间段之间不应该间隔太长,那样会影响你的注意力。文献综述是一项严肃的工作,以天为单位来安排工作计划,不要把任务拖到最后一分钟完成。当然,在以天为单位的工作计划中,对于短期目标的改变和整体的计划,你可以灵活安排。

小 贴 士

- 认真学习文献综述模型(见图0.3)。最好记住它,并利用该图让自己有计划地工作。
- 选择一个对于你来说具有重要意义的课题。你真正关心或好奇的研究对象比随便选择的课题更能激发你写出好论文。
- 写出研究主题,包括一开始写作时你已经知道的或认为你知道的关于研究主题的内容。这是你研究日志的起点。
- 每一步都要做好计划并写出来。返工和修补比认真完成工作更浪费时间。
- 从现在开始写作吧。把你的想法、进展和问题都写进你的日志里。

小结

本章意在对文献综述的写作和基本内容作一个整体性介绍,讨论了善于质疑对研究者意味着什么,也讨论了优秀研究者的特点。最后的小贴士可以帮助你成功地开始文献综述。如果你对研究项目有了初步理解、周密思考和大致计划,那么可以说,你已经做好开始研究课题的准备了。下面让我们从第一步开始。

自 测 表

请对照以下自测表写出你的回答。从准确性和可行性角度,重新审视你所写的内容。

任务	完成情况
1. 请写出文献综述的定义和目的。	☐
2. 你有没有大致的兴趣范围,要在哪里开始探索?写具体些。	☐
3. 请描述你打算如何通过六个步骤完成文献综述的撰写?	☐
4. 请描述计划中的工作环境和要用到的工具。你将如何创造自己想要的工作环境?	☐
5. 在对所写的进行反思后,你仍需要学习什么以便这个过程继续向前推进?	☐

第一步　选择主题

- ❖ 任务一：选择研究兴趣

- ❖ 任务二：从个人兴趣中提炼出研究兴趣
  - 活动一　研究兴趣的具体化
  - 活动二　研究兴趣的聚焦
  - 活动三　选择研究角度
  - 活动四　反思：选择研究兴趣的关键

- ❖ 任务三：根据研究兴趣初步确定研究主题
  - 活动一　熟悉学科术语
  - 活动二　掌握将要研究课题领域的学术话语
  - 活动三　咨询图书馆研究员

- ❖ 任务四：撰写关于初步研究主题的陈述

第一步
选择主题——从日常兴趣到研究主题

欲速则不达。

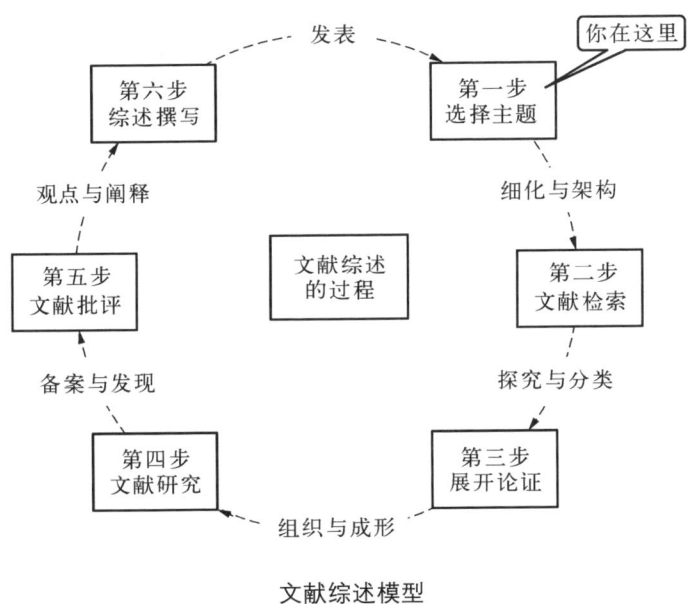

文献综述模型

关　键　词

个人兴趣（personal interest）——最先激发兴趣的问题。勿将其与初步确定的研究主题混淆在一起。

研究兴趣（research interest）——由聚焦、角度切换以及具体化而提炼出来的个人兴趣。

> **初步研究主题**（preliminary topic）——经过提炼而得到的研究兴趣，该兴趣有可能成为研究主题但是仍需通过研究来证明。

任何研究都始于好奇心。研究兴趣大多来自人们对日常生活工作中的一些矛盾、争端、焦点问题和信念的好奇。大多数研究兴趣来自疑问，如："为什么工作中的某些方面会成功而其他方面却失败？""是否某些策略或技巧比其他的更有效？""人们为什么会用某种特定的方式思考、学习和行动？"激发人们研究兴趣的问题有很多，如："什么原因导致小组成员之间的矛盾？""标准化考试的分数能在多大程度上反映某个学生的学业表现？"

管理者试图通过制订更好的计划、改善人与人之间的沟通以及促使人们完成各自的任务等来改进组织方式。比如："成功变革的秘诀是什么？""一个得力的领导者是不是先决条件？""校长如何引导教师改善学生的表现，是否应该'如实告知'呢？"

首先，有必要思考"研究兴趣"这一概念。注意，在上述例子中，这一概念以两种含义出现：一是指对某一对象的强烈兴趣或关注，二是指这一对象本身。兴趣和关注会驱动研究者，成为其开展研究的动因，即"为什么研究"（why）。兴趣的第二个意义在于"研究什么"（what）。它为找到研究的切入点提供必要的信息。你必须不断界定和澄清"研究什么"的问题，直到你能够在文献综述中清楚地定义它。也就是说，你必须将日常生活兴趣转化成可供研究的主题。

如何将日常生活兴趣转化成研究主题呢？实现这一转变要经过三个转化过程。

第一，具体化。大多数刚从事研究的人在被问及选择什么研究方向时，回答都过于宏观。比如，"我对学生为什么不能达到学习目标感兴趣"。这个回答是不具体、不清晰的。仅以这样的方式去陈述，能否让研究者审视和考量所关注的问题呢？当然不能。如此表达的研究兴趣太宽泛，缺乏研究的具体化信息。为了明确研究兴趣，必须提供对研究对象更细节的描述。研究兴趣必须具体、准确。例如，"四季是怎变化的"是一个日常生活问题,而"北极气流对加利福尼亚北海岸三月份的天气有多大程度的影响"则是一个可供研究的主题。这两个主题中哪一个更容易研究——宽泛的还是具体的?显然,只有具体的问题才能作为研究对象。

第二,问题聚焦。限定的研究兴趣是否太复杂或包含了过多的研究对象呢?我们应通过简化和选择,集中关注一个研究兴趣。必须设定一个可以明确解析的对象进行研究,必须设定一个清晰的界限进行研究。你是否选择了一个可以描述清楚并能明确定义的研究对象?研究兴趣要专注于一个研究对象。试着把"我对学生为什么不能达到学习目标感兴趣"这一问题换成这样的问法:"对三年级的拉美裔第二语言学习者而言,理解特定的学术语言对他们的自然科学学习有什么影响?"这两个问题的区别显而易见。

第三,选择视角。从日常生活中产生出来的想法一般是从个人的角度或立场出发的,个人的兴趣往往来自个人需求——是否想对某个主题想有更多了解。然而,一个可供研究的问题要从学科的角度或立场出发,应根据学术领域的研究需求而产生。这个兴趣已不再是关于"我需要知道什么?"的问题了,而是转变成这样一个问题"这个学术领域的学者对这个课题的了解,他们还需要知道些什么?"一个研究主题应该是从相关学术讨论和辩论中产生或从学术作品中衍生出来的。我们必须从一个具体学科,如社会学或心理学的学术角度或立场着手开展工作。只有这样我们才可以踏上具体了解某一研究主题的直接通道。

个人的研究兴趣对更广范围内的学者群体来说未必重要。个人关注的问题必须是更大范围内研究群体关注的问题。研究方向必须出自某一学术领域的研究需求,并且是整个学术团体要考虑的问题。我们不得不经常这样问学生:"你对某一领域的好奇心和求知欲,是不是也是该领域研究者感兴趣的呢?"通常,某一领域的个人求知欲可以通过阅读其他研究者的著作来满足。有效的研究既要综合展现现有知识,又要创造性地拓展这些知识,从而深化该领域的现有知识。形成明确的研究兴趣是打开文献研究和研究课题之门的钥匙。

我们不能把主题简单地理解为论文的主要思想,它是我们围绕研究兴趣开展学术讨论的切入点,它决定着文献综述的背景和研究对象,并限定了逻辑论证的必要界限。我们要通过对资料的整理和综合来了解对某一对象的研究当前已经达到的水平,以及有待进一步研究的地方。

以上转化过程需要完成三个任务(见图1.1):

1. 选择一个个人兴趣;
2. 对该兴趣进行提炼;
3. 根据该研究兴趣确定初步研究主题。

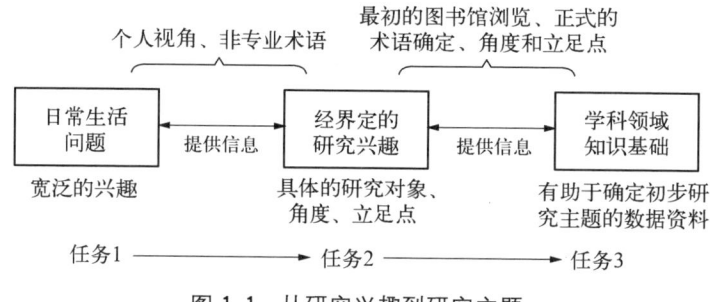

图 1.1 从研究兴趣到研究主题

任务一:选择研究兴趣

大多数研究始于我们选择的一个日常生活中的问题、兴趣或关注点。选择一个研究兴趣需要细心和预见性。正如我们在开篇中说到的——"欲速则不达",选择一个合适的研究兴趣是一个项目成功的关键。当我们开始为了一个研究兴趣而进行个人的思考时,探究的过程便开始了。

如前所述,研究兴趣主要来自研究者的好奇心。各种工作和公共环境给我们提供了经历的背景以及充足的机会,让我们从中发现可以成为研究课题的问题。研究者可以通过内心反思来发现工作经历中的个人问题。如果自己不能想起什么的话,也可以通过其他途径。我们可以向博学的学科专家或者在该领域有技术的实践人员请教,或者通过阅读各种学术和专业期刊来发现可以深入研究的主题。通过媒体和专业团体对当今某个领域问题的报道，我们也可以得到可供选择的研究兴趣。与研究领域相关的当前国家、地区甚至当地的争论和创新也可以成为你的研究兴趣。最后，我们可以从自己的应用领域寻找一些问题。

接下来，界定并运用你所选学科领域的一些科学原则和理论来解决问题。比如：认知心理学中什么理论能证明学生的发展性学习能力？社会学在群体行为方面提出了哪些理论？文化人类学如何为社区团体的文化发展提供了合理的解释？各种社会科学的理论模型总能提供一些新的视角。事实上，我们能从很多地方找到研究兴趣。比如：

- 工作经历；
- 专家的建议；
- 学术期刊；
- 你所在领域的相关主题讨论；
- 该领域内的学术理论。

研究者研究的是那些对他们工作于其中的共同体有重要意义的事务和问题。这些问题来源于工作程序、人际交往和工作人员行为中存在的不足。因此，我们想去解决这些问题。刚开始，我们可能觉得这些问题简单而直接。但仔细研究之后就会发现，它们是由人际交往的很多部分和层次构成的，是复杂的、多维的。我们想用简单的解释和补救来解决这些问题，但是快速的补救往往是不奏效的。解决问题要收集事实论据，而且这些论据是对许多观点和角度的呈现。选择一个可行的研究兴趣的诀窍就是要有一个具体的观点和角度。

练习

在本书中，我们有一系列的练习帮助读者通过完成各种任务来学习文献综述的写作。本部分的前面四个练习将采用头脑风暴和自由写作的形式。头脑风暴或者自由写作是指在没有参阅笔记和大纲的情况下即时写作。这种写作的目的是找出作者对研究对象的已有认识。在本章四个部分的结尾处，我们将分别提供四个话题，要求读者仔细思考并解决这些问题。在陈述完每个话题之后，我们都会通过一些引导性的问题来帮助读者完成自由写作。读者根据自己想到的观点对问题做出回应。这些观点或想法就是自由写作的内容。以下是指导意见，请把它们运用到后面四部分结尾的练习中。

- 引导性问题会帮助你找出自己的方向和个人偏好。这些问题要指出研究兴趣以及研究者个人与研究兴趣之间的关系。每一个练习都有一组探索性问题帮助你从一个不同的角度来思考要研究的方向。每一个问题都是自由写作练习的一个对象。

- 单独用一页纸来完成每一个部分的练习。把练习的话题和问题抄写到纸上，然后，按次序回答每一个问题。大声读出问题，迅速作答，以便得出大量观点。得出观点之后，读者要用尽量简洁的陈述句将观点一一记下。不要考虑拼写、语法或者以后如何展开的问题。

- 每一部分不要超过 15 分钟。如果在不到 15 分钟里就想出能想到的所有回答，那么请再等 30 秒，在这 30 秒内促使自己再想出三个观点。完成以上工作之后，不要重读，把纸放起来，大概等一天时间。在一天将要结束时，开始着手完成练习。阅读、审查、编辑、删除和增添所想到的任何东西。按照这个方式来完成接下来四个部分的练习。

> 练习 1.1
> 找出你的研究兴趣或要探讨的问题
> 1. 你的研究兴趣或问题是什么？
> 2. 它有几个部分？
> 3. 我为什么对这个问题感兴趣？

研究者的偏见

正如选择重要的问题来研究一样，我们经常会对某个问题有个人偏好和观点。研究者往往对自己研究领域的问题有个人观点,并且偏向于自己认可的观点。这些先入之见、个人偏好和观点对于研究问题来说有利也有弊。个人偏好为推动研究提供了必要的热情和奉献精神,这是有利的一面。然而,个人偏好也会让研究者带有偏见。这些偏见导致研究者草率地下结论而不是通过有条不紊的学术性研究得出结论。个人偏见和观点是不能完全消除的,我们只能去控制它。

研究者应如何控制个人偏见和观点呢?首先,谨慎的内省能让我们客观地认识这些个人观点和偏好。通过理智的分析和辨别,我们能够控制个人偏见、观点和个人期望得到的结果,我们也会变得思路开阔、有怀疑精神,对待研究资料也会更加谨慎。如果个人偏好仍然存在,不能客观地看待问题,那么研究就会受到严重的负面影响。一个有偏见的研究者只能得出有偏见的结论。选择研究兴趣的关键在于要客观,尽量使研究兴趣的关注点具体化,具体到一个实在的研究对象,同时让个人的研究热情沿着某条研究路线发展下去。

练习1.2揭示出一些潜在的"陷阱"。"陷阱"是不可避免的,但是决不能让"陷阱"控制或影响我们的研究。相反,它们可以成为促使我们思考研究意义和"为什么研究"的切入点。在探索研究的意义和重要性时,我们要让这些"陷阱"服务于研究,做到为我所用。

练习1.2

理解个人观点

1. 对于研究兴趣,你已有哪些知识?
2. 有哪些个人经历会影响到你对这个兴趣或问题的研究?
3. 对于这个研究兴趣或研究问题,你有哪些看法、偏见和观点?
4. 是什么让你预先对这个研究兴趣或研究问题有某些结论?
5. 你将如何辨识并控制你的个人偏见、观点、感情和直觉,从而能保持研究者应有的中立?

任务二：从个人兴趣中提炼出研究兴趣

选择一个潜在的问题进行研究只是第一步中的第一阶段。接下来，我们要缩小选择的范围，直到找到一个可清晰识别、有意义并可供研究的兴趣。第一个选中的研究兴趣最初往往是不太适合研究的。通常来说，早期的研究兴趣都太宽泛，对象不具体，观点也不明确。因此，我们还要做很多工作以使选择的研究兴趣具体化，从而能找到一个研究课题。你真正想研究的是什么？是否可以明确界定？你从哪几个关注点去进行研究？从哪个角度或立场能最好地进行研究？我们必须清晰地确定研究兴趣，选择一个具体的关注点和角度。每一个宽泛的研究兴趣都包含很多具体的研究内容，这些研究内容能为我们提供很重要的帮助。关键的策略是要选择其中的一个。因此，我们要考虑：你到底对哪个研究兴趣有兴趣？你对这个研究兴趣的观点是什么？你要采取什么样的途径来研究？

我们先开始讲如何找到具体的研究兴趣。我们必须清晰地确定研究兴趣，选择一个具体的关注点和角度。

活动一 研究兴趣的具体化

你最初的研究兴趣是不是能准确界定？准确界定研究课题的关键在于对研究兴趣涉及的主要观点的分辨能力。任何研究对象都是通过相关领域的主要观点来确定的。这里的主要观点是指那些能使研究兴趣获得有意义的陈述的词和句。宽泛的研究兴趣会比较模糊，不适合研究。一个宽泛的研究兴趣，其相关陈述中会包括很多推断性的、有待进一步证实的观点。精确的主题界定是必要的。下面的内容将可以解决这个问题。

在本部分之前，我们提到过一个有关研究兴趣的例子——"标准化考试的分数能在多大程度上体现学生的学业表现？"这是一个重要的问题，它的答案会对教育事业有重要影响。但是，这个问题还需要经过进一步的提炼才能成为一个可研究的主题。宽泛又缺乏清晰描述的主要观点需要经过更多的思考才能转化为具体的研究课题。要界定主要观点,我们要先看它们的主语、谓语和宾语。在上面的研究兴趣陈述中,主语是"考试分数",谓语是"体现",宾语是"学业表现"。我们要去检验的主要观点是"考试分数体现学生学业表现的程度"。当看到这个陈述时,我们很快就感觉到这个陈述太宽泛。"程度"是指什么呢,你怎么衡量呢?什么是标准考试评估呢,怎样衡量?衡量的标尺是什么呢?我们如何解释考试的可信度和有效性呢?"体现"这个词是什么意思呢,怎样体现?学生的学业表现是指什么呢?对此,我们需要继续将问题准确化。如果这个陈述不做修改,那么我们的研究将无从入手。

准确阐释有关研究兴趣的每个主要观点是我们的第一大任务。关键术语的阐释一定要准确,这样我们才能辨别研究的对象。没有精确的阐述,我们就不能形成研究课题。

研究兴趣一旦确定,我们就要通过聚焦研究兴趣来决定一个研究的关注点。

活动二 研究兴趣的聚焦

研究兴趣的聚集指的是研究范围的缩小,使研究具体到一个定义明确的对象上。如果研究兴趣不清楚,那么我们就不能决定要研究什么。通常来说,宽泛的研究兴趣包含很多个具体的研究兴趣。前面的例子就是这样的情况,其中的研究兴趣可以从个体、群体或者组织机构的角度来研究。例如,可以从学生的角度来研究,特别是作为个体的学生的行为、态度、技能和知识角度。如:"学生行为的改变对成绩测验结果有什么影响?""学生的态度对某些成绩评估有什么影响?"另外,研究的角度也可以针对群体的行为。如:某一群体对某一测试条件的反应是怎样的?这种测试对群体的表现有什么影响?

通过对宽泛的研究兴趣进行聚焦,我们可以得到这样一个可用的研究课题。如:"学生在国家标准化语言考试中获得的分数能在何种程度上预测他们在大学科目 A 考试中的表现?"或者"在标准化考试中,教师的测试准备能力对学生成绩有怎样的影响?"

> **练习 1.3**
>
> **选择研究的关注点**
>
> 详细写出你的回答,这些回答日后会极具参考价值。
> 1. 请清晰界定研究兴趣的关注点。
> 2. 你关注的对象是个体、群体还是组织机构?
> 3. 请给研究的个体、群体或组织机构特定的具体称谓。

练习 1.3 为我们提供了可供研究的多个关注点和多种选择。下一步就是缩小研究兴趣,选择一个对象进行研究。

活动三 选择研究角度

问题得以聚焦之后,我们就要选择研究的角度或者立场,即我们从什么方位或角度观察研究对象。研究角度的选择视学科而定,而这又取决于你要研究的对象,以及你打算从什么视角来看待这一对象。依旧使用我们前面的例子,针对标准化考试和学生的成绩,你是打算研究与此过程相关的群体行为? 还是打算研究环境和社会互动对学生成绩和标准化考试环境的影响? 这两个问题涉及两种不同的知识领域。如果研究的是学生个体的成绩,那么心理学将是最佳的角度;如果从社群的角度来研究成绩,那么人类学就是最佳的出发点。如果从团体反应和互动的角度来研究学生成绩,那么社会学就是最佳立足点。当我们明确了解了研究兴趣的核心观点并且确定了具体的关注点和立足点时,我们的研究兴趣就已经由宽泛的日常生活兴趣发展成可研究的兴趣或方向。

> **练习 1.4**
>
> **选择研究的角度**
>
> 1. 哪些学术领域能最好地帮助你进行研究或者给你提供切入的角度? (如果你考虑的不只是一个角度,那么给每一个角度选择一个合适的学科领域。)

> 2. 这个学术领域的哪些具体知识能最好地帮助你探索和确定研究兴趣？
> 3. 在这个学术领域你有哪些知识和才能？
> 4. 你还要学习哪些学术领域的知识，为进行研究打好牢固的基础？

正如选择关注点一样，我们也要细化切入角度。做完上面的练习，多种可能的角度会呈现出来，我们要选择能够为研究兴趣提供最佳观测点的观察角度。

活动四　反思：选择研究兴趣的关键

是否能成功选择具有潜力的研究课题取决于我们对日常生活兴趣和研究性问题的观察能力。这种重要的观察能力依赖于个人反省。我们越是能清晰、具体地进行观察，就越是能更容易地将个人兴趣和所关注的问题转化成可供研究的主题。

有关学生选择研究兴趣的经验告诉我们，初学者有时会忽略花费必要的时间去反思他们到底要研究什么。随便选择一个研究兴趣，而不去考虑目的、研究角度或立足点，这往往使他们陷入令人尴尬的境地。

花费时间仔细选择研究兴趣对所有研究者来说都是十分重要的。请记住，"要谨慎地选择你想得到的东西，这样你有可能真的得到它"。不要草率地选择研究兴趣。匆匆选择的研究兴趣将会导致整个研究项目主题不明确，并且可能超出我们的研究范围和能力。

选择一个个人兴趣并将其转化成一个有价值的研究兴趣，这有点类似于准备拍照。我们把选择一个研究兴趣比作拍摄一个场景。设想你站在国家公园的大岩石营地上，你的周围是绵延几里的沙漠，光影交错。也许还有一些人、爬行动物、植物、仙人掌或昆虫。你想不想拍摄古老的杜松子树，想不想拍摄一家人围绕着篝火的场景？拍摄的目的是什么，目标是什么？如果说你想把整个公园一年四季的风景变化都拍下来，那么你可能要花费一生的时间去拍摄。然而，通常情况下，我们不是要拍摄整个公园或者研究每一个拍摄对象的所有角度。我们通常是要选择一个有价值的研究兴趣，并且从我们选择的角度来进行适当拍摄。

对于摄影者和研究者来说，对事物的某种最初的研究兴趣激发了他们的工作。对于两者而言，都有一个所期望的具体结果。同时，两者的任务都会出现这样的现象：期待效果和实际效果之间存在差距。选择拍摄对象只是开始，一个满意的结果只有通过不断地聚焦，刻意追求，选择视角才能得到，而且这些因素会因我们研究的不断深入而变化。也许，最后洗出来的照片和我们起初设想的相当不同。在摄影和研究中，我们必须乐观看待实际的工作效果，并不断地进行创新。与此同时，我们要放弃那些迂回而漫无目的、不会带领我们得到满意结果的途径。你的第一张照片可能是嶙峋的岩石，而你的最终作品可能是岩石上属于变质岩的部分石英碎片的特写。

像摄影者一样，一个研究者必须有研究的对象，必须精心制作和塑造研究兴趣。研究者要致力于确定研究兴趣，而不是一味地坚持最初的目的。要用事实来引导我们的行动和意识。

> **练习 1.5**
>
> ### 研究兴趣陈述
>
> 在这个练习中，你要把通过头脑风暴和自由写作得到的信息进行整合和分类，反思并分析前面练习中得到的信息，从而形成一个具体的研究兴趣陈述。陈述可以针对一个问题，也可以针对一种观点。然后，清楚明确地针对研究重要性或意义进行另一份陈述。最后，写出一个能确定研究看法、价值观、偏见和观点的陈述，并注明在研究过程中你将如何保持中间立场。
>
> 利用你在完成练习 1.1—1.4 中得到的信息回答下面三个问题。
>
> 1. 你的具体研究兴趣是什么？

- 我的研究兴趣、问题和关注事物是……[用七句话来回答]
- 在不改变主要观点的情况下,删去两个最不重要的句子。
- 将剩下的内容缩减到三句话。
- 确定最后剩下的三个句子能满足以下要求:能表明你的研究兴趣(你在研究什么?),能表明你的研究角度(你怎样来观察它?),能表明你的研究立足点(你研究的学术领域是什么?)。

2. 什么研究成果能凸显研究的重要性?
3. 你的研究期待、价值观、偏见和观点是什么?

- 以上因素对你的研究有什么帮助?
- 你怎样防止你的个人观点和倾向影响你作为研究者的中间立场?

现在,利用你对问题 1—3 的回答,写出一个清晰明确的研究对象。然后,写一个你的个人倾向和你怎样克制这一倾向性的明确陈述。解决了这些问题后,你将找到一个可供研究的对象。

任务三:根据研究兴趣初步确定研究主题

我们现在要讲的是本部分的最后一个问题:如何将确定的研究对象转化成一个合适的研究主题。我们通过回顾前面所讲的几个步骤来开始这一部分。

图 1.1 展示了日常生活中的问题如何凝练并转化成研究主题的三个任务。从左至右,注意在第一个任务中,你选择了你认为在日常生活中需要注意的问题。如果这个研究对象不明确,则必须使它明确化。接下来才可以进入第二个任务。

通过思考,我们选择了一个具体的研究对象、视角和立足点,从而缩小了研究的范围。选定了研究的立足点，我们就能确定研究的学术领域。现在，我们就可以讲述最后一步：选择潜在的研究课题，这也是本部分最后一个关注点。

在图1.1的第三个任务中，你不再以个人的立场来提炼研究对象，而是要进入一个正式的学术世界。你要通过明确研究对象来重新确定主题，把日常用语转换成用于某学科的专业术语。到了这一步，我们就从日常生活调查开始向正式的文献综述迈进。在这个关键节点，我们要把研究对象转化成一个潜在的正式研究的主题。就像我们前面说过的，我们必须使自己的研究与外界的关注和相关学术团体的工作一致。为什么这个问题很重要呢？因为如果个人的研究对象和学术团体的研究主题不一致的话，我们就不能找到相关学术知识作为基础，研究将无法进行。

通常，学生会认为他们已经有了很明确的研究对象，即研究主题，但是我们不这样认为。学生抱怨说他们已经去了图书馆而且也在很辛苦地收集相关研究主题资料，但找不到合适的资料。很少有研究者会涉足一个与众不同的和以前从未有人研究过的主题。以前的研究已经包含了我们感兴趣的所有领域。因此，我们面对的困难是什么呢？通常来说，最大的困难是缺乏学科术语。学生经常应用自己的日常语言来表达和交流具体领域的专业问题。

词语的用途和含义因语境的不同而不同。所有的学术领域都有自己的特有语言来描述研究对象，这些特殊的语言会成为术语。研究者使用的日常用语基本不可能和研究领域的专业术语一致。下面的例子会说明一个词语在不同学科领域的含义差异。

我们来看"冲突"（conflict）这个词。一般情况下，"冲突"解释为不同意、争论或者两个政党间的不同目标。然而，当用于历史学科时，"冲突"的含义就成了战争，像武力冲突。当"冲突"用于组织心理学时，它的意思是标准决策机制在组织上被打破。当用于社会心理学时，"冲突"是指当两个团体意见不合时产生的行为。用于个体心理学时，"冲突"的意思是个体的内部斗争。用于文学时，"冲突"指任何阻止人物达到某一目的的因素。由此可见，每一个学科都有自己的术语来满足本学科研究的需要。

我们必须获得所选择的研究领域的语言技能,并且熟悉潜在研究对象的语言表达方式。一旦精通你需要使用的语言,你就能很好地驾驭确定对象和主题的方法。你就可以对那些提供有关研究对象定义的主要观点进行转化。下一个任务就是把研究对象用学术语言来表达,这样的表达可以为对话提供途径。

要完成图 1.1 的第三个任务,我们要完成三个活动:(1) 熟悉学科术语;(2) 着手进行论述;(3) 修改最初关于兴趣的陈述(见图 1.2)。

任务	目的	参考工具	利用图书馆	利用网上图书馆
活动一	熟悉学科术语	分类词典	根据学科类别进行编目的参考书列	使用关键词进行检索。根据特定的参考类别或是否提供借阅在网上查询关键词或者,通过图书馆网页的字母顺序搜索。参考书类别以字母顺序排列
活动二	掌握将要研究的课题领域的学术话语	百科全书工具书		
活动三	咨询图书馆研究员			

图 1.2　任务三:根据研究兴趣初步确定研究主题

图书馆的参考文献区域提供了完成任务三的必要工具。对于活动一,首先要做的是查阅相关研究主题领域的字典及分类词典,熟悉与你研究兴趣的陈述吻合的学科术语。这些参考工具都有特定的用途。相关研究主题领域的分类词典罗列了与你的研究兴趣陈述一致的众多同义词。使用这一参考工具时,你可能发现一些能够更好地界定并缩小研究主题的词汇。其他与研究主题相关的字典则提供了一种不同的参考点。你可以将分类词典搜索到的结果用其他的相关研究主题的字典再查一遍,看看你所选择的术语是否符合你的需要。必须注意,通过查询相关研究领域的字典和分类词典,你可以得到用于所选主题的特定学科术语。

这些参考工具可以增加我们对语言和措辞的熟悉程度,以便把研究兴趣的陈述转变成可用的,与所选学术领域一致的初步研究主题陈述。一旦确定了与你的研究兴趣一致的正确术语,你就完成了活动一。

现在准备完成活动二。用活动一中得到的学科术语来查询与研究主题相关的百科全书和工具书，以接触到与你的研究主题相关的学术话语。与研究主题相关的工具书论述与该学术领域相关的理论，这可以帮助你确定文献检索的范围，并综览那些与研究主题相关的学术话语。

工具书的组织方式通常可分为以下三类：（1）以时间顺序论述理论的演变历史。首先介绍一个理论，然后随着理论的变化，改变相应的评论。（2）对不同的主题进行分类论述。在这种情况下，你可以找到适合的研究主题，浏览理论论述中你所需的相关讨论。（3）围绕该领域现有的讨论来组织内容。此类工具书讨论学术领域的热点话题以及一些新兴的理论观点。

通过查阅百科全书，你可以接触到与研究主题相关的大量学术话语。百科全书以字母顺序排列，因此很容易找到与你的研究主题相关的理论以及论述。用活动一搜索到的关键词和术语，你可以轻松地在百科全书里找到参考词条，然后继续往下读。在百科全书里最开始会有相关研究主题的概况介绍，之后是相关理论的详细讨论，最后还会列出相关理论的作者及其他一些对该理论产生影响的人，以供进一步研究。

查阅完百科全书与工具书之后，现在你已经将研究兴趣的陈述从日常用语转换成学术领域用语，并且对你的研究主题和相关理论及课题领域的学术话语也有了大致了解。这时，列出你将会在文献检索中用到的理论及作者。至此活动二就完成了。

现在，来到图书馆，准备完成活动三。在图书馆的什么地方可以找到需要的参考书工具呢？当你进入大学图书馆的时候，找到参考区域或者参考书架区域。参考书列是根据学科类别进行编目的。根据你的研究角度找到合适的学科区域以及与你的研究主题相关的参考书。

如果你想使用网络图书馆，通常有两个选择。进入图书馆网页，然后在下列两种操作中选择一种。第一种操作是使用关键词进行搜索。这类查询需要三项信息：（1）关键词；（2）参考文本类别；（3）图书馆位置，此处主要指网上的位置。举个例子，如果要寻找字典，你可以输入"关键词，字典，网上"。这类查询的结果将会显示所有网上可用的参考字典。只需挑选适合你的研究角度的学术学科字典即可。第二种操作是进入网络图书馆分类的主页。主页上有一个点击率最高的键叫"馆藏目录从 A 到 Z 分类"。点击此处后会有一个新的屏幕会跳出来，以字母顺序提供数字图书馆的所有资源。只需向下滚动到所需的参考条目点击即可。所有参考书目都会显示在屏幕上。比如，要搜索工具书，点击前面提到的主页入口处的"馆藏目录从 A 到 Z 分类"，那么以字母顺序排列的资源会显示出来，将滚动条向下拉，找到列表的 H 部分，在这里找到"工具书"，点击进入后，所有可用的工具书都会显示出来，你可以对列表上显示的内容进行筛选，以确定进一步查看适合你的浏览书目。

用完成活动一和活动二之后找到的新的语言和定义，修改你关于研究兴趣的陈述。接下来便是你向他人寻求建议的时候了：预约大学的图书馆研究员。你可以到大学的图书馆里咨询图书馆的研究员或者在网上咨询，和他们讨论关于你的研究兴趣的具体细节，明确自己的研究主题、角度和立场（学术领域），描述文献综述进展，寻求他们的建议。

图书馆使用规则

不管你利用的是电子图书馆还是传统意义上的图书馆，在你进入图书馆之前，要花点时间思考一下图书馆使用的重要规则。如果你注意这些规则，就能达到事半功倍的效果。

规则 1. 了解图书管理员

- 无论是当面还是在网上与图书管理员交流，他们都可以说是我们的朋友、导游和教练。第一次使用图书馆时，请咨询一下图书管理员。你可以在大学图书馆或者通过上网来进行咨询。和图书管理员讨论有关研究对象的具体事宜，要具体细化你的研究对象、研究视角和立足点（即研究的学术领域）。向他们介绍你的文献综述进展情况，并请求他们给予提示和意见。
- 确保与图书管理员之间建立积极的关系，可以信任他，把他当作教练、辅导教师和知心朋友。

规则2. 要有目的性

- 在使用图书馆时要有明确的目的和计划。在书架前徘徊或者翻阅学科目录或许是件有意思的事情，但没有什么实际效果。
- 每次进入图书馆都要知道要查找什么，要到哪里查找。
- 在图书馆查找资料要有策略。计划和策略可以节约时间。在着手查找资料之前，要知道你想做什么，你需要哪些类型的信息，哪里能够找到？你有没有通过浏览研究对象的目录来优化研究主题？你有没有查找有关研究对象的专业字典来明确研究术语？
- 要有工作计划和具体的工作任务，制定目标并持之以恒。不论是实体图书馆还是网上图书馆，都会有很多诱惑和让人分散注意力的事物。夺人眼球的挑衅性标题，你喜欢的作者的新作，诱人的引用链接，等等。你必须自律。合理安排时间，有一定的娱乐时间，其余时间要集中精力完成手头工作。
- 最后，在你要结束一个阶段之前，计划你的下一个任务，完成一份任务总结。在离开图书馆之前，提出这些问题：下一次要做哪些工作？什么时候开始和结束？还需要哪些新的资料？这些问题应该写到任务总结里去。记住，我们的记忆很短暂，如果在离开图书馆之后再去计划下一次任务，就会导致计划不清晰和方向性错误。

规则3. 准备＝效率

- 做好准备。在开始研究之前，整理编目，准备好文件存储工具。
- 编目就是编纂你搜集的图书馆资料，以便以后再次查询和利用图书馆索引进一步查阅。我们可以用简单的卡片作为编目工具，也可以利用一些信息管理软件，如 EndNote（一款文献管理软件）或 Citation（一款文献引用软件）等。
- 文件存储工具可用于存储重要信息。它可以存储有关研究对象的信息，如引用和摘要、深入研究的参考资料、对象以及下一步要完成的一系列任务等，也包括收集到的图书馆数据资料。这些工具形形色色，最简单如笔记簿和便笺纸。较为复杂和完善的工具是软件工具，如：EndNote、Citation、电子记事本、国际科学组织搜索书目管理软件（ISO Researchsoft Reference Manager）等。

- 在开始正式研究之前,你需要建立一个组织体系。这个体系要适合你的研究方式,并可以帮助你完成整个文献综述。先建立一个这样的体系,可以为以后的工作节约时间,并减少不必要的麻烦。

任务四:撰写关于初步研究主题的陈述

现在你已经有了完成任务四(撰写关于初步研究主题的陈述)所需的信息。使用你在完成活动一和活动二的过程中收集到的内容来改写你关于研究兴趣的陈述。审视修改后的陈述,看其是否充分解决了你研究兴趣中的问题。如果可以的话,你就已经为你的研究构思好了关于初步研究主题的陈述内容。反之,你需要重新修改研究的焦点和角度,或者搜索更符合你研究兴趣的相关著作,直到初步研究主题陈述和最初的研究兴趣陈述的吻合程度令你满意为止。做到这一点任务四就完成了,你可以开始文献检索了。

下面的练习将引导你完成从正式的研究对象陈述(练习1.1)到形成初步的研究主题的转变。它包括以下四点:

1. 开展一场与图书管理员的谈话。
2. 明确研究兴趣陈述中涉及的关键术语。
3. 用术语来表达研究陈述中的主要概念和核心观点。
4. 将研究兴趣陈述改写成研究主题的初步陈述。

> **练习1.6**
>
> **优化研究主题陈述**
>
> **1. 开展一场与研究馆员的谈话**
>
> ◆ 与研究馆员预约或者与学校的网络研究馆员联系。向他阐述你的研究项目。陈述你的研究对象并请求给予评价和意见。在此之前,也可以与你的研究机构的咨询人员或其他人员进行沟通,以形成正式的研究兴趣陈述。
>
> ◆ 当与研究馆员讨论时,要对你的研究对象再次陈述,包括陈述研究角度、学科视角,并询问他对你的研究工作有何具体

清晰的意见。如果研究馆员不明白你的研究对象,那么再返回到练习1.5,重构研究对象陈述。

◆ 请求研究馆员提供图书馆的详细介绍。通过介绍,可以得到关于图书馆的详细信息,如馆藏分布、期刊、编目体系、搜索功能和是否联通网络等内部工作机制。特别要注意图书馆能不能满足你研究的学术领域的需要。如果你需要更多的资源去完成研究,那么要咨询一下研究馆员。

◆ 回顾你的研究对象中的重要术语和核心观点。请教研究馆员,让他们指导你去查找相关主要术语和核心观点的字典、百科全书、手册和其他参考书。可以当面请教也可以在网上联系。

2. 明确研究兴趣陈述中涉及的关键术语

◆ 查询研究领域内的字典、百科全书和手册,用查找到的专业术语对应关键概念。

◆ 用查找到的专业术语对研究对象重新陈述。

◆ 检查新的陈述是否表达了你的最初的研究兴趣。如果没有,改变研究焦点和角度或进一步查找其他参考书,寻找其他术语,直到你能写出满意的研究兴趣陈述。

◆ 当重新写好的研究对象陈述符合要求时,开始第三点。

3. 用术语来表达研究陈述中的主要概念和核心观点

◆ 根据重新写好的对象陈述,查找讲述关于研究对象核心观点的百科全书、手册、年鉴和其他参考资料,以确定主题领域。主题领域要与修订的研究兴趣陈述中的核心观点相关。将主题领域作为研究话题。

◆ 对查找结果进行储存和编目,记录当前流行的作者和理论。

◆ 给研究兴趣中的每一个核心观点都建立研究对象和相关作者的对应图表。

◆ 再次检查研究工作。检查是否表达准确和表意清晰。

4. 将研究兴趣陈述改写成研究主题的初步陈述

小 贴 士

- 确定你的研究主题是具体的。反思你的研究兴趣陈述的关键术语,明确它们的含义以及相互之间的影响。
- 聚焦主题,确保主题描述清晰并有严格的界定。将关键词转化成在该学术领域常用的专业术语。
- 选择一个学术立足点。
- 避免偏见。用开放的心态着手研究。

小结

自 测 表

请对照以下自测表写出你的回答。从准确性和可行性角度重新审视你所写的内容。

任务	完成情况
1. 请详细、准确地描述你的个人兴趣。	☐
2. 在你感兴趣的研究领域内界定关键概念和术语。	☐
3. 重读你对于研究兴趣的描述,确保只有一个研究主题。你的研究主题太宽泛还是太狭窄?	☐
4. 选择一个与你的研究主题契合的研究角度,一个具体的研究领域。	☐
5. 熟悉图书馆的资源和结构,与一位了解你的研究主题研究的图书管理员建立联系。	☐
6. 准备文件处理工具。	☐
7. 使用正确的专业术语将研究兴趣陈述改写为研究主题陈述。	☐

我们有了一个初步的研究主题,成功地通过个人内省的方式发现了研究对象,并且确定了这个研究对象是适于研究的。现在我们做好了进行文献综述的准备活动。虽然这个工作看上去是线性的,其实不然。注意图 1.2 所描述的,日常生活中的问题中可以产生出研究兴趣,反之,从研究兴趣中也可以发现日常生活中的问题。帮助我们了解这些具体观点的思维过程在本质上是相互影响的。对其中某种观点的深刻理解也意味着对另一种观点的深刻理解。因此,我们既要有研究兴趣,又要有良好的相关研究对象的学科基础知识。阅读学习越多关于研究主题的知识资料,研究主题就会越精练、越准确。精练是我们探索研究对象和确定主题的必要部分。

　　本部分讲述了如何把一个日常生活问题转变成有价值的研究主题。我们通过具体实例介绍了达到这一目标所要经过的步骤。之后,又讲述了如何选择一个初始研究兴趣,找到一个有价值的研究对象,然后形成研究主题。在本部分的最后,我们结合具体任务和提示讲解了如何获取文献研究领域和如何较好地首次利用图书馆。

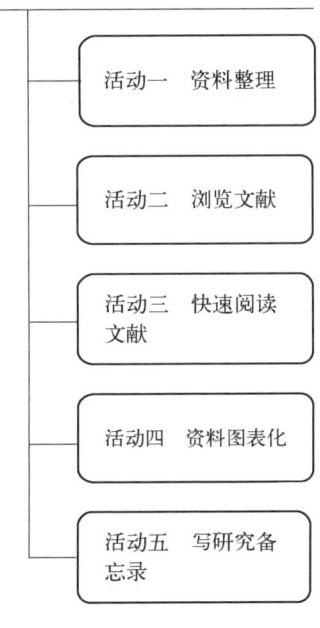

第二步
文献检索——检索任务和方式

我来，我看见，我征服。

——尤利乌斯·凯撒

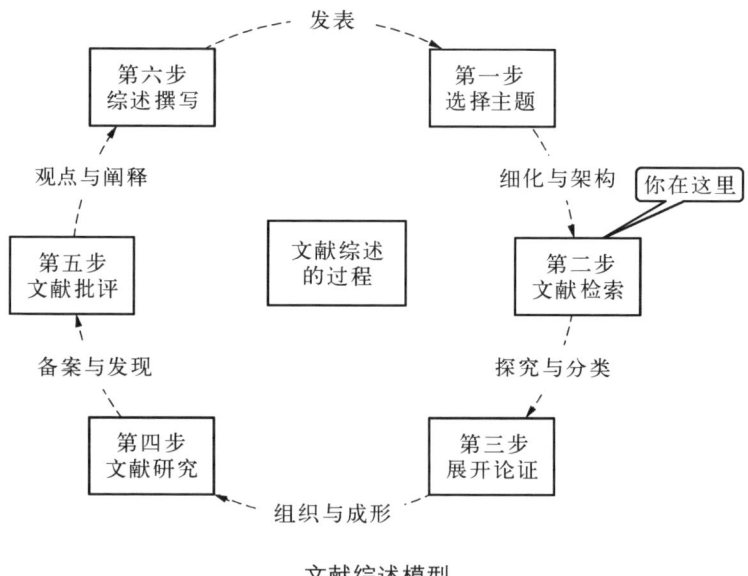

文献综述模型

关 键 词

文献检索（literature search）——收集，整理数据并进行编目以便找出重要著作，从而提炼主题。

> **浏览**(scanning)——对图书馆和网上资料编目、学科百科全书、期刊索引以及摘要等进行有组织的检索。浏览的目的是找出研究需要的资料。
> **快速阅读**(skimming)——迅速地阅读资料,确定文章中的重要观点和文章对研究的具体作用,从而决定是否需要这份文献。
> **图表整合**(mapping)——对浏览和快速阅读收集到的资料进行组织整理并集中展示的技巧。我们可以建立核心观点制图和作者图表,并对照参阅。

我们已经成功完成了文献综述的第一步,现在准备开始第二步,即浏览可能与研究主题相关的资料和数据。有些研究者在这一点上犯了严重的错误。他们带着根据研究对象和相关文献作者查询得到的结果,一头扎进图书馆藏书或者网络中,寻得几本书和期刊,就开始卖力地写作。他们误以为这样就可以开始撰写文献综述了。但是,我们要记住:我们不能写我们根本不了解的东西。在文献综述的写作过程中是没有捷径可走的。在动笔写文献综述之前,我们要搜集和研究相关资料,从而对研究对象有一个整体的认识。在这之前,还有很多审查、分析和综合的工作要做。通过对文献的高质量搜索(这意味着阅读和消化信息),我们才能选出需要审阅的文献。然后,我们才能在所选取文献的基础上进一步提炼出研究主题。

此时,你必须完成三个任务:(1)选择文献;(2)文献检索;(3)提炼研究主题。

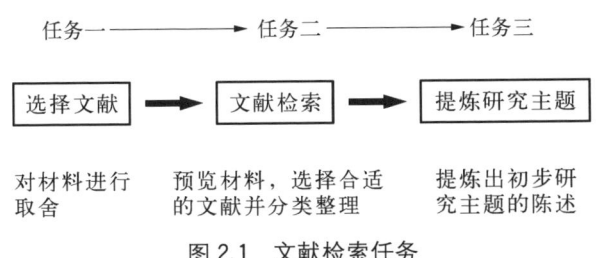

图 2.1 文献检索任务

任务一：选择需要阅读的文献

在这一阶段，我们必须选出哪些资料要审阅，哪些不要。什么是合适的、具体的文献资料？这取决于若干因素。主要因素是收集的信息要与研究主题的主要观点密切相关。其他因素还有，如果研究主题很讲究时效性，那么在使用搜集到的信息时要仔细查看出版日期。如果研究主题是"关于××的最新理论"，那么一篇1940年的文章对研究就没有什么帮助。如果我们的研究主题是对某一研究对象的主要著作和成果进行综述，那么我们就要查询与主题相关的重要作者和理论，而不管其日期的远近。主题陈述决定着研究的方向和范围。以主题陈述为路标，你需要不断地问自己以下两个问题。

1. 你的研究对象是什么？
2. 了解研究对象需要哪些文献资料？

现在我们开始另一个同样重要的任务：提炼初步主题。在写文献综述的起始阶段，主题具有灵活性，是可变的。这时，你对主题的理解还没有被任何文献知识影响。在文献查询的过程中，搜集到的材料会影响你对主题的认识。对主题的研究会随着你对研究对象认识的深入而发生改变。通过文献的阅读，你会不断地精炼和完善自己的研究主题，它也因此变得更加精简具体。研究过程中，应该思考相关的文献收集对主题和主题的形成有什么影响。例如，你可能会发现你起初的主题太宽泛，其涵盖的信息太多，根本不可能全部涉及。也有可能最初选择的第一个主题范围太狭窄，不能找到大量的信息来回答研究问题或满足研究主题陈述的需要。

分析、思考通过查询所获得的资料对你对理解主题带来了什么样的影响。这些思考会让你得到一个更准确的主题陈述。在进行研究时要当心，要多思考。要注意的是，文献会怎样影响你的主题、兴趣。在思考研究主题时，首先要考虑以下三个问题。

1. 文献告诉了你关于研究问题的哪些知识？
2. 你对研究问题的理解发生了怎样的变化？
3. 你的研究问题现在应该如何陈述？

任务二：进行文献检索

假如我们能够掌握整套的文献查询方法，并按一定的方法就文献对于自己研究的意义进行积极思考，那么这就等于为我们的文献综述工作提供了一个良好的基础。你得知道要查找什么，为什么查找。我们究竟应该如何有条不紊地查阅文献呢？

第二步的第二个任务要求我们收集和选择资料。这个任务包含三个活动：文献预览、内容选择、资料组织（见图2.2）。首先，预览与研究主题相关的大量著作。其次，根据每个著作对研究作出的具体贡献、研究的时效性和准确性来选择最终要阅读的文献。最后，对需要阅读的每一著作中的具体观点进行组织归纳。

三种方式可以帮助你完成检索任务。这三种方式考察的是你以下三方面的能力：（1）浏览文献；（2）快速阅读文献，并掌握主要内容；（3）用图表来组织研究所需要的资料。虽然这三个技能是各自独立的，但是你可以根据自己的能力和主题选择以不同的方式综合运用这些技能。

检索任务	检索方式
文献预览	浏览
内容选择	快速阅读
资料组织	图表整合

图2.2 文献检索的任务和方式

文献检索就像是玩一套用旧了的拼图玩具，拼图经常会有一些丢失的部分，也会有其他拼图的碎片掺杂进来。拼图的策略是简单的。在房间里找一张桌子，把所有的拼图碎片放在桌子上。确定有足够的空间来分类和整理这些碎片，保证有好的光线。看着盒子上的图片，我们就知道拼图完成后会是什么样的。我们从散放在桌子上的碎片中找出那些明显不属于这个图片的碎片，把它们放到一旁；寻找那些组成图片边缘部分的碎片；然后，依据图案把剩下的碎片分类，找到与图片的颜色和具体形状一致的碎片；最后，把碎片一个一个拼起来，形成包装盒上图片的样子。

检索文献与玩拼图游戏很相似。你打开盒子，把拼图碎片散在桌子上，通过检索主题和作者目录来查找对研究有用的文献资料。检索以初步主题陈述的主要术语和核心观点为依据——它们规定了寻找拼图碎片的界限和范围。浏览图书馆资料就是收集拼图的碎片。把找到的资料进行分类编目，为下一步——快速阅读做准备。

快速阅读就像是对拼图玩具的碎片进行第一次分类。与拼图玩具一样，我们要从浏览的资料中找出有用的信息。我们需要选择什么资料？可以舍去哪些资料？对经过浏览筛选出的资料进行快速阅读，分析判断它们是否适合研究需要。这个著作是否与主题相关？如果是，具体如何相关？初步的主题陈述为我们选择资料提供了一个框架。很多的拼图碎片不属于这个拼图游戏，我们要把它们剔除。按一定的图案拼接属于这个拼图游戏的碎片。筛选出对研究有用的著作之后，我们开始检索的最后一个任务——拼接。

与拼图玩具一样，我们也要分析搜集到的资料，并决定它们应该安排在文献综述的哪个部分，它们如何阐释你研究的核心观点，它们如何有助于进一步界定主题陈述中的那些关键词。分析每个文献对主题阐释的作用，确定其在文献综述中的次序位置，完成文献综述这个拼图游戏。完成文献检索之后，我们得到了文献综述所需要的资料。我们首先要删去那些不能直接讲述主题的资料，然后根据主要观点对资料进行组织选择。注意每一份资料对阐释主题有什么具体作用。请你记住文献检索的以下两个指导性问题。

1. 你的研究对象是什么？
2. 关于研究对象的哪些文献是必须参阅的？

活动一 资料整理

浏览资料之前，我们必须了解如何对浏览所获得的信息进行分类和存储。要注意，如果缺乏细致的资料管理，大量的信息会使你不知所措。在文献检索中的这一步，我们只需记录两种类型的信息：参考书目信息和浏览进程。

书目存档

对书目进行存档时,每一个条目都要包含作者、标题、时间、出版社、刊号、参考资料页码,以及图书编目号码。根据主要观点或关键词排列书目。你可以用传统工具如长方形卡片来记录。但是,我们也建议你利用一些比较完善的文件编目和存储软件,如:EndNote 或者 Citation,这些软件可以从大学书店和网上获得。使用这些软件可以简化存储过程,并可以帮助你一边浏览一边记录。基本的书目信息是继续完成查询任务的参考点。文件存储和编目是累积性的。每进入一个新的检索阶段,你都会得到更多信息。我们可以用书目卡片(见图 2.3)来记录这些信息。

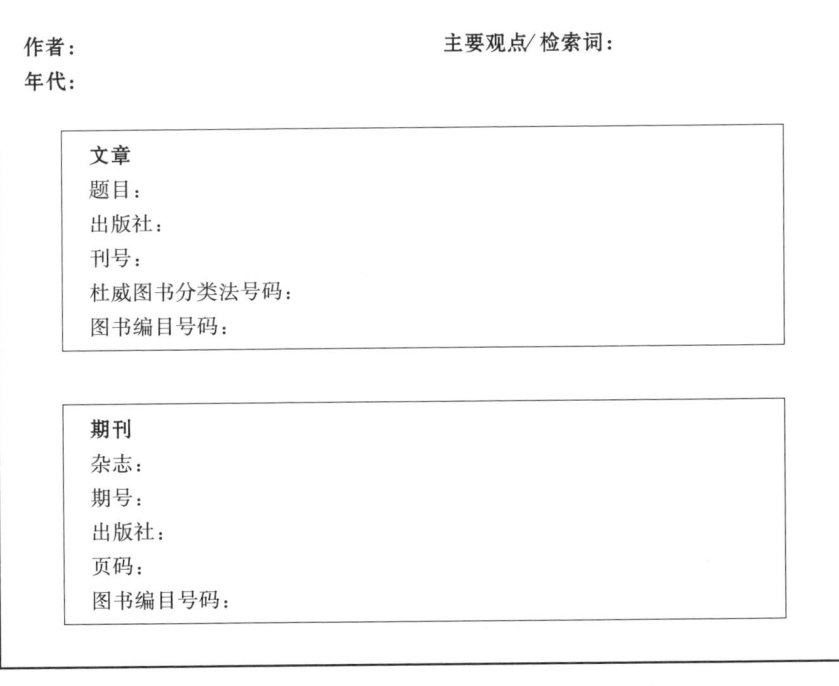

图 2.3 书目卡片(正面)

结合这部分讲解的技巧和方法,你可以完成以下五项工作。

1. 找到具体的浏览策略,把初步主题陈述、关注点、立足点与主要观点联系起来。

2. 把主要观点作为关键检索词进行研究。
3. 建立布尔构架以便对合适的数据库进行检索。
4. 利用编目工具来记录有待参阅的著作。
5. 确定每一次浏览的次序和目的,确定适合检索的数据库及其可用性。

活动二　浏览文献

文献检索要从浏览文献开始。文献检索是对图书馆和网上编目、百科全书、期刊索引和摘要进行系统性搜寻的过程。浏览的目的是辨识可能有价值的资料,比如书籍、文章、论文、专题论述、报告以及会议记录等。浏览时,我们要快速查阅参考编目或索引,从而确定哪些资料需要包含进来。通常,你需要同时采用好几种不同的视角来浏览文献资料,你可以借助不同的视角来审视文献资料的不同方面。在每一种视角下,我们都要根据对研究课题的有用性来确定文献参考资料。规划好自己的浏览过程,以便寻找到各种各样的主题内容、理论基础和定义、讨论和争议、当前问题、专业问题和功能应用等。通常,我们可以把文献资料按照内容类型和出版时间顺序进行分类。你可以根据具体内容、出版类型和出版时间来组织文献,形成一个有序的分析框架(见图2.4)。

时间	年	月	星期	日	即时
资料类型					
	书籍 专著 参考著作	杂志 期刊	畅销的行业性 杂志	报纸	网页 博客
内容类型					
	理论基础、定义、研究性、主要概念、构架	近期研究、理论讨论、争论	现有问题、辩论、应用、实践和专业问题	当前问题、争论和专业问题	最新问题、争论、实践和应用

图2.4　文献资料分类

根据上文所述可知,不同类型的信息需从不同类型的参考资料中获得。我们不能从行业性杂志中查找某一研究主题的理论基础,也不能通过查找理论性文章来发现当前问题或实践问题。在进行浏览时，你应当考虑自己需要何种类型的信息，以及在哪些数据库中能够找到此类文献。

在实际操作中，学术类的文献综述要求我们既关注理论知识，也关注实践知识。包含实践性知识的文献能够帮助我们决定研究的问题、了解研究的意义以及研究的实用性。理论性文献则可以帮助我们清晰地界定主题，并提供有助于我们理解主题深层和广度的基础性知识。对最新资料（见图2.4）的研究可以帮助我们了解自己研究的主题的意义，以及它与学术或实践领域的关联性。不同的数据库包含不同类型的文献。在图2.5中，我们按照文献种类，对数据库进行了分类。针对具体的学科领域，你可以咨询研究馆员或者查询图书馆的网上数据库指南，这样你就能获得最直接、最新的数据库分类清单。

文献类型	书籍、主题、作者	参考杂志、相关期刊	论文、专题论述	行业性杂志、畅销杂志、报纸	网页、博客
数据库	图书馆编目、网上公共检索目录	图书馆在线数据库中的主题目录与摘要	论文摘要	网络查询目录	在线搜索引擎

图2.5 文献资料与数据库

浏览文献的第一步是对符合研究关注点、视角和文献内容的数据库进行查询。例如：我们假设，你选定的主题是"智能理论"，你选择的学科视角是认知心理学。开始的时候，你可以使用在线公共检索系统。使用"智能理论"作为关键词进行搜索会得到几百条参考条目，然后重新看看你关于初步研究主题的陈述，从百科全书以及其他相关书目检索获取的信息，去除一些不相关的网址。快速浏览筛选后剩下的内容，尤其要关注标题、作者、出版物名称和出版日期。这样，你对可用于文献检索的作者和文本就有了一个初步的了解。你甚至还可以通过搜索高度相关的引文来收集研究数据。"谷歌学术"之类的搜索引擎为关键词搜索链接的内容提供了广泛的材料。要想使查询更为有效，使用限定词,初步主题陈述和相关定义来指导你找到与主题相关的信息。不能仅仅依据网页上最先显示的内容来选择所要浏览的引文。

从这个起点出发,我们可以查找到图 2.5 中列出的每一种类型的数据库。我们可以通过对"检索目录"(search directories)的查询来提取信息。一般的查询都使用布尔逻辑(Boolean logic)来限定搜索范围。布尔查询通过使用"and""or""not"三个逻辑运算符把关键词连接起来,从而确定如何检索数据库。通过使用关键词和一个或多个逻辑算符,我们可以把查询范围缩小到一个具体的研究领域。

下面是布尔查询的运作过程。选择你初步确定的主题的一个主要观点,把它分解成几个主要术语。这些主要术语作为解说符(descriptor),再加上布尔逻辑运算符就形成了要查询的问题。在两个主要术语之间使用"and"可以缩小查询的选择。例如:你查询的主要问题是,"人类智能的本质是什么?"你可以使用三个主要术语——理论、人类和智能,布尔查询的方法就是输入"理论 and 人类 and 智能"。注意,你可以通过连接两个解说符来表达主要观点,从而缩小查询范围。你也可以通过查询作者和主题来缩小查询范围,如:"加德纳 and 韦克斯勒 and 推孟 and 智能"。这样,你可以查询到这三个理论专家对智能的看法。

布尔运算符"not"可用于排除一些查询。依然使用前面的主要观点——智能理论,你要查询的数据库是"理论 and 智能 not 情感的"。这个查询条件将查询智能理论并排除任何提到情感的文章。尽可能不要使用"not",因为这样有可能排除一些实际上有用的资料。

使用布尔运算符"or"会扩展查询范围。使用这个运算符的原则是查找相似观点。例如:假设你要探索的主要观点是标准化考试存在的文化偏见,你用这个方式来查询:"文化偏见 or 标准化考试 or 评价 or 考试。"这样,你扩展了查询,使之包含更多的解说符。它可以很好地提供与主要观点相关的重要信息。综合使用布尔运算符,让它们能最好的帮助查询主要观点。你可以在陈述中用试误的方式来运用解说符和运算符,以便得到需要的结果。图 2.6 总结了布尔运算符的使用方法。

运 算 符	主 题 查 询	解 说 符 使 用
and	缩小	连接性解说符
not	排除	修饰性解说符
or	扩大	添加性解说符

图2.6 布尔运算符

使用网络以及大学的电子图书馆

使用网络很有可能成为我们文献查询的一部分。网络已经迅速成为一个必需的信息存储库。事实上,它是一个虚拟图书馆。就像任何一个图书馆一样,网络可以提供无限的信息。但是,要当心的是,网络资源有不同的可信度、准确度和完整性。网络查询存在的两个主要问题是:第一,没有质量保证;第二,没有研究馆员。在大学的图书馆,研究馆员可以帮助我们查找资料,并帮助我们确定资料的质量。在网上图书馆,你只能自己充当研究馆员。你必须判断资料的质量、权威性和适用性。记住,任何人都可以把不准确的信息放在网上。你不会想引用一个三年级学生的文章吧?但是在网络上,三年级学生的文章和该领域的专家的著作是混在一起的。我们要花费大量精力确保查找到的资料是高质量的、权威的,并且其文献引用是规范且合理的。

我们推荐你使用自己所在的学术机构提供的电子数据库。大学图书馆综合了各种电子数据库来帮助你开展研究。这些数据库已经经过研究馆员的审核,并随时供你使用。图书馆工作人员会教你如何使用电子参考资料。电子数据库中的文献服务应有尽有,你可以向网络上的研究馆员求助,可以通过网络获取你所在领域内的主要杂志和报告,获取网络文献,连接到大学图书馆的网络等。例如,大学图书馆的网页通常都会有提供搜索功能的界面,可利用作者、标题或关键词进行查询。这类搜索可得到一个图书馆现有的文本、期刊、学位论文和相关研究项目的列表,包含电子资源和纸质材料。此时,再次用你关于初步主题的陈述作为指导筛选数据资料,找到与你研究主题相关的材料。

此外，电子数据库如 EBSCO、GALE、JSTOR、ProQuest 和 SAGE 都非常便于搜索文献。这些数据库都与特定的学术领域相连。当你确定了研究的角度和分析的单位之后，你就已经对该领域有了一定程度的了解，这样你可以很轻松地选择利用合适的数据库进行查询。图书馆的书目检索系统（OPACs）及相关链接，你所在大学图书馆书架的文本目录或是其他大学的文本目录都为你的文献检索提供了很好的资源。

准备文献检索时，首先向研究馆员咨询一下如何使用你们学校提供的电子参考文献，同时还应该向研究馆员咨询如何最好地使用网络资源。

在结束这个主题之前，我们还希望你注意一个问题：很多大学电子数据库提供的期刊都可以直接连通到我们的个人研究资料库（如，EndNote、Citation、Ref Works）。这意味着，只要轻击鼠标，你就能引用某一篇期刊文章，将其摘要直接导入个人资料库，并对其内容进行编目分类。这样的好处是，你可以迅速对信息进行存储和分类。如果说有什么坏处，那就是你很少能真正理解这些信息。充分利用电子数据库来查询信息，但在收集资料的同时也要花时间去理解和消化你收集到的信息。记住，在研究中，包括在网上的搜索中，要坚持记笔记，写备忘录。

练习 2.1

开 始 检 索

1. 将你学到的技巧运用于自己的研究项目，以检验自己对文献检索的理解。
2. 按照你当前的理解来写出你的研究主题。
3. 列出与主题核心观点相关的文献的类型（见图 2.4）。
4. 列出第一次浏览文献打算使用的数据库（见图 2.5）。

浏览过程

坚持记录对研究有用的资料，并对其进行编目。记录的方式有两种:第一,直接根据布尔查询列表记录。在浏览过程中删除研究中不需要的条目,把剩余的条目运用到下一步的查询中去,同时记录下查询日期。这个步骤可以确保你不会错过任何潜在资源。第二,按照同样的思路完成编目过程,你可以利用数据存储程序,如 EndNote,而不是像方法一那样记录在纸质材料上。你也可以利用软件里的工具来筛选数据资料。

活动三 快速阅读文献

通过浏览文献找到了文献综述所需的参考著作,下一步就是快速阅读这些著作,然后筛选出有用的资料。快速阅读,找出文章的重要观点。浏览的目的是找出包含潜在信息的文本,而快速阅读则是要找出文本中最佳的潜在信息。这时我们要决定什么信息保留,什么信息丢弃。可以用以下两个标准指导我们对文献进行快速阅读。

1. 需要在本研究中包含还是排除掉这个作品?
2. 如果要包含进来,哪些内容是有用的?

快速阅读中要运用两个技巧:第一,利用目录和索引,查询与主题相关的具体资料;第二,快速阅读相关部分的节选或下属章节,判断其内容是否符合研究课题(如果符合,具体哪些内容符合?)。通过快速阅读来判断、组织和编目具体资料。把快速阅读的结果记录在书目卡片的反面(见图 2.7)。

```
作者:                主要观点/检索词:
审阅部分:
摘要:
备注:
```

图 2.7 书目卡片(反面)

1. 快速阅读,首先是浏览文章的摘要或简介。
2. 资料与文献综述的主题相关吗? 具体如何相关?

3. 继续分析文本目录或者主要的期刊标题。记录下与文献综述主题中的主要术语和核心观点相关的章节和部分。

4. 归纳总结书目卡片中的审阅部分。确保记录下的每一个条目都有具体观点,确定每一条目的出处及页码。

5. 一旦选择了文章或期刊的具体部分,快速阅读这些部分并找到相关信息。阅读这些部分的第一段(介绍)和最后一段(总结)以明确主要观点。

6. 用相当于正常阅读三到四倍的速度进行阅读,快速得到大意。

7. 记录书目卡片上所选部分的摘要大意,再次确定包含每一个主要观点的参考资料页码。

8. 核对词汇表、附录和书籍最后部分的其他信息。如果有词汇表,那么要快速阅读词汇表中与主题、核心观点相关的定义,并记录下来。

继续用上面的例子,假设我们有这样一个研究课题:"人类个体智能的本质是什么?"文献浏览确定了你已经编目的潜在资料。你准备进行快速阅读。引用的一则文献是《智能重构》,作者是霍华德·加德纳(Howard Gardner)。在阅读文章的介绍部分之后,你确定这篇文章对你写文献综述很有帮助。在浏览目录的过程中,你发现第一章到第七章与你的核心观点——智能心理学理论直接相关。因此,你把每一章的标题和要阅读的部分的页码记录在书目卡片上。然后,你阅读开篇和结尾部分,跳读主体章节。你把每一章的主要观点记录在书目卡片上的摘要部分。同时,你也将在书目卡片的备注部分记录下:"附录 D 中包含各种智能理论专家的介绍。"这种快速阅读的方法可以运用到每一篇文献的阅读中。

活动四 资料图表化

现在我们已经浏览了文献,快速阅读了选中的文章,确定了要使用的资料。接下来,我们要利用图表来规划各种资料。制作图表是文献综述中组织文献资料的一项技能。分析每一著作在主题陈述中的作用。记住,主题陈述包含核心观点和主要术语。这些核心观点和主要术语就是书目卡片上的检索词。与检索词相关的内容应该被记录下来并分类编目。在这一查询阶段,你要依据内容,在收集到的资料与主题陈述之间建立一一对应的关系。制图可以帮助我们以一定的格式组织资料,从而有利于进一步分析。

将初步的主题陈述中确定的关键词作为图表的中心主题,或者用关键词和主要术语作为大纲的主要子标题,并将其加以组织。这两种方式都是整理信息的有效途径。

在文献查询中,利用制图和大纲可以形象地表达浏览和快速阅读过程中搜索到的材料是怎样阐释主题的,之后,我们可以用核心观点图和作者图谱来整理信息。制图可以按照如下步骤执行。

1. 以文献搜索关键词为中心主题,制作核心观点图。每一个主题制作一份图。

2. 将主题陈述和核心观点图进行对比,以确保通过浏览和快速阅读收集到的信息之完整性。如果发现存在差距或遗漏,则需要再次进行浏览和快速阅读文献的工作。

3. 根据作者信息重新组织资料,整理理论知识和引文。制作作者图,并同步扩展资料细节。

4. 审视你制作的图。鉴于你现在已对研究课题的相关文献和基本信息有了一个大致了解,此时你需要斟酌一下是否还要对研究主题进行修改。如果需要修改,请重新写一个主题陈述,并反思自己对新的主题的理解。

核心观点图

核心观点图就是把初步主题中的每一个核心观点独立出来,作为一个中心观点。这样的制图旨在回答这样的问题:"对于这个对象,我们了解些什么?"

参看图 2.8 中的模型。必须注意,核心观点(或关键术语)必须位于中心,它们是图的中心观点或主题。组成核心观点的各种分类或部件,在图中都应该绘制成核心观点的下位观点或支持性观点。这些部件可以是不同的理论观点,也可以是一些基本的定义和描述性的材料。图的安排方式可以多种多样,比如我们可以依据类型、主题或者年代进行制图,这取决于哪一种方式在你这个特定的研究问题中更为合理。

下面,你要把每个从属观点都进一步分拆成各个小类,比如规律、理论、定义或例子等。你也可以对独立的部分进行进一步分解。如何描绘图的各个构建,这取决于核心观点以及界定核心观点的各个组成部分。核心观点图成功与否的关键在于它讲述了一个什么样的故事。制图的时候,需要考虑以下几个问题。

1. 这个描述是不是清晰、涵盖了所有内容,并可以理解呢?
2. 这幅图是不是反映了当前有关核心观点的知识状况?

你必须为你的第一个主题图中出现的每一个观点、关键词和关键术语都制作一份核心观点图。在完成文献综述的后续步骤中,你会不断地用到核心观点图这一工具。它可以引导我们查阅和分析文献。这些图就像路标一样,帮助我们提炼研究主题。在写作文献综述提纲的时候,这些图也是出色的辅助工具。

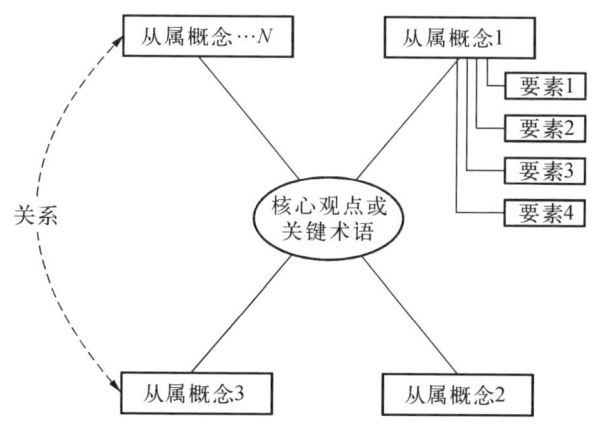

图 2.8　核心观点图

图 2.9 是有关"智能理论的历史"的一个初级核心观点图。这幅图的关键词和主题语是"智能理论的历史",图中用了五个主题句来阐释这一核心主题。第一个主题句是"智能作为一个抽象概念"。请注意,主题句是按照年代顺序排列的,以便体现智能理论的演进过程。每一个主题句都通过其从属概念和小标题来进一步阐释。通过这些从属概念和小标题,浏览和快速阅读过程中收集到的资料被有效地组织起来了。每个小标题都附有作者信息,以便参照。

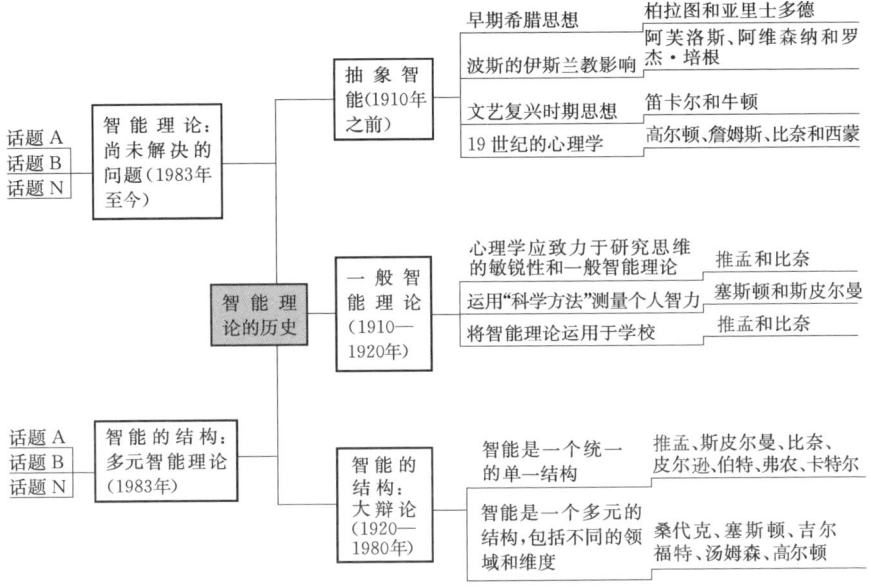

图2.9 智能理论的历史(核心观点图示例)

作者图谱

作者图谱用另一种方式来记录文献资料。它从一个权威的立场来描述那些通过浏览和快速阅读获得的信息。核心观点图以学科知识为依据组织资料,而作者图谱则依据作者个人的学术贡献来组织资料。核心观点图回答的问题是:"关于这个研究对象人们有哪些认识?"作者图谱回答的问题是:"这个观点是谁提出的?"图2.10提供了一份作者图谱的样例。

作者图谱提供了更加深入和具体的信息,以作为核心观点图的辅助。制作作者图谱,就是要对文献综述中引用的每一位作者的作品进行描述,并将这些信息与核心观点图中的信息参照对应起来。

1. 记录每一篇具体的文章。可以通过书目卡片上记录的作者和内容摘选来提取信息。

2. 把文章中的相关观点和细节记录在图表中,并根据内容、理论阐释、章节标题或副标题对其加以组织。从书目卡片的摘要和备注部分可以找到相关信息。

3. 记录作者图谱中各篇文章之间的关系。通过这些文章之间的关

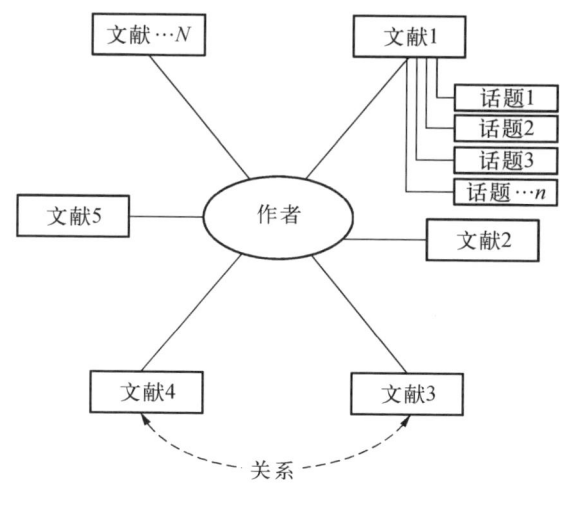

图 2.10　作者图谱

系,你可以进行理论之间的比较、信息的相互参照、文章之间的年代关系对比等。你还可以在作者图谱中添加更多信息,如参考文献页码、值得注意的引文以及其他的作者和文章等。与浏览和快速阅读技巧一样,你可以根据自己的偏好和需要来调整制图技术和图表设计。

活动五　写研究备忘录

现在可以将你对主题的了解以笔记的形式记录下来。研究你的图谱,将你所看到的内容写下来。这样你就会慢慢开始有了一些初步的想法。重新审视你写的内容,如果有必要的话对其进行编辑。接下来,用你的备忘录来组织图谱中获得的想法观点。

> 练习 2.2　查询技巧训练
>
> 　　运用你学过的知识和练习 2.1 中得出的列表来完成下面的练习。
> 1. 选择一种工具,如书目卡片,或 Citation、EndNotes 等书目管理软件,对资料进行分类。
> 2. 把主题陈述中的主要观点输入到你选择的资料管理工具中。

3. 准备管理工具,进行数据输入。
4. 浏览参考资料,选择其中一个进行阅读。
5. 快速阅读选中的参考资料,从中选择合适的内容作为文献综述的备用资料。
6. 把选中的资料输入管理工具。
7. 制作恰当的核心观点图表。
8. 建立相互参照的作者图谱。
9. 在检索的过程中撰写研究备忘录。

如果完成这个练习有困难,请再回顾一下本章的内容。如果可以顺利完成练习,请将这种管理方式运用到其他资料管理中去。

任务三:提炼研究主题

主题陈述决定了研究的内容和研究的范围,请牢记。这个观念非常重要。我有一个同事是芝加哥大学的学者,他获得了他所在研究领域的博士学位。不久前,我们见到他,并询问他是怎样做研究的。他的回答让我们很吃惊,他说:"对于我来说,花费在思考要研究什么上的时间很少。真正花去大量时间思考的是不去研究什么。"主题陈述从两个角度来确定研究范围:一个是要研究的内容,另一个是不要研究的内容。我们要用心思考的是不要研究的内容。这一点可以帮助我们建立一个研究主题的框架和研究的关注点。我们不应该问"要研究到什么深度?"或"有没有达到要求的深度?"这一阶段应该问以下四个问题。

1. 你是不是对研究主题的核心观点有一个清楚的理解?
2. 你的文献检索是不是足够支撑这些核心观点?
3. 文献检索后,你的主题陈述发生了什么变化?
4. 回顾核心观点图和作者图谱,思考你选择的主题是不是太宽泛或太狭窄?

文献检索是我们精炼主题的好机会。深入研究了核心观点和主要术语,并且了解了其主要思想,现在便可以根据文献查询(浏览和快速阅读)来修改主题陈述的关注点和立足点,从而提高准确度和清晰度。在回答了以上四个问题之后,你会发现你的主题可能太宽泛。作者图谱中包含几百种被引用的文献与观点,并且每一个核心观点图本身都可以成为一个研究项目。我们应该研究什么?简单的回答就是缩小关注点,重构研究主题陈述。例如,你的主题可能是:"群体中的各成员之间的消极关系是什么?"浏览文献时,你会发现有大量的资料与你的研究课题相关。因此,你要缩小研究关注点。如果你最感兴趣的是群体中个体间的关系。于是,主题被提炼为"群体中的二元关系存在哪些消极方面"。

限定核心观点、限定具体的理论领域、采用更狭窄的学术领域观点,都是为了改善研究的立足点。限定研究范围的同时,研究主题也得到了精炼。你可以通过选择一个具体的研究立足点来进一步优化研究课题。例如:你最初的研究关注点可能是团体心理学和心理动力学。现在,你修改后的主题是:"在工作群体中,二元的消极关系体现出哪些动态心理学的知识?"把关注点从较大种类(群体)缩小到下属种类(群体中的二元关系),并将研究学科具体化(心理动力学),研究主题就缩小到了一个可供研究的维度。

你可以进一步从种群统计学的角度来确定研究对象,你可以根据研究对象的性别、年龄、经历、地理位置、种族和其他特质来限定主题陈述。此外还有一些其他方式帮助你进一步限定主题陈述,如:在一个少于15人的工作群体中,成年男性之间的消极关系体现了哪些心理动力学知识?

当然,很多方式可以帮助我们缩小研究课题。在尝试缩小主题范围时,请思考以下两个问题。

1. 你真正要研究的是什么?
2. 你不要研究的是什么?

缩小主题范围时,再回顾一下起初用于限定主题的研究对象陈述。回顾练习1.6(精炼研究主题陈述),从而进一步精炼你的主题陈述。

文献检索过程中与上述情况相反的问题也有可能出现：文献只提供了有关研究主题的少量信息。在这种情况下，你应该回顾一下研究课题形成过程中运用到的主要术语和核心观点。

1. 你是否正确阐释了主要术语和核心观点？
2. 其他角度的阐释或其他立足点是否更有利于研究？
3. 是否可以扩展关注点或研究学科，使研究内容更加宽泛？

分析文献检索中的遗漏和缺陷也是扩展主题陈述的一个好方法。不管是缩小还是扩展主题陈述，你都要时刻牢记：质量是研究项目的重要标准。是否缩小或扩展主题陈述，不是取决于你需要完成多少工作，而是取决于你需要完成哪些工作才能解答你的研究问题。

小 贴 士

- 勤奋。放慢速度。运用烦琐而必要的步骤来提高文献查询质量看上去很浪费时间，确实是这样。但是，高质量地完成这些工作可以为将来节省时间。有一点要明确：精确的查询比重复的草率查询更加有效。
- 组织整理。从一开始就认真整理组织资料可以避免以后的麻烦。因为越往后，资料就会越多，组织起来就越困难。

小结

你现在已经知道该如何进行文献检索了。文献检索是策略性的资料收集过程，它包含三个任务：选择文献；文献检索；提炼研究主题。有三种工具可以帮助我们进行检索：浏览、快速阅读、资料图表化。写日志和备忘录对于组织和记忆不断增加的信息很有帮助，同时，备忘录对于精炼主题陈述也大有益处。

结合现有资料分析主题的广度和深度，文献检索之后，选择有用的文献、著作等深入研究，通过反思，进一步确定并提炼研究主题。

自测表

请对照以下自测表写出你的回答。从准确性和可行性角度重新审视你所写的内容。

任务	完成情况
预览资料	
1. 根据研究主题的观点和主要术语浏览潜在的文献。	☐
2. 通过浏览潜在的文献找出研究的重要性和相关性。	☐
资料整理	
1. 编目参考书目信息。	☐
2. 按照时间顺序建立浏览过程记录。	☐
3. 建立数据库结构。	☐
浏览文献	
1. 检查潜在的可能引用的文献的主要部分。	☐
2. 快速阅读选择的文献,找出相关资料。	☐
资料图表化	
1. 根据核心观点和主要术语,制作初步的核心观点图。	☐
2. 根据文献主要作者的贡献,制作作者图谱。	☐
提炼研究主题	
1. 修改主题陈述,提高准确度和清晰度。	☐
2. 根据需要修改主题陈述。	☐

第三步 展开论证

- 概念一：为文献综述建立论证方案

- 概念二：论证

- 概念三：评价论证的基本要素

- 概念四：形成论断

- 概念五：提供证据

- 概念六：推理——从证据到论断的逻辑过程

- 概念七：复杂论点的论证

第三步
展开论证——为文献综述建立论证方案

这就是需要证明的。

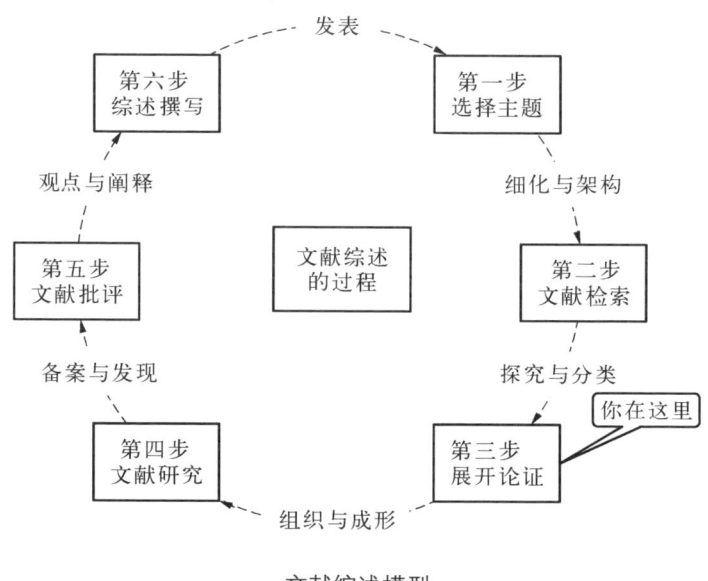

文献综述模型

关 键 词

论证（argument）——逻辑地呈现有可靠论据支撑的论断并推导证明一个或多个的过程。

发现式论证（argument of discovery）——通过证明相关研究主题的发现代表了现有知识的论证过程。

第三步 展开论证——为文献综述建立论证方案 \ 59

> **论断**(claim)——需经受挑战的事实。
> **推理**(warrant)——以逻辑形式呈现证据从而证实论断的论证推理过程,并能让研究者及其他任何读者都接受的推理过程。

目前,我们已经完成了文献综述的第一、第二步,花费了时间和精力收集、编目和存储资料。你可能认为准备工作就此结束,可以开始进入正式写作阶段,但是一定要避免这样的想法,因为我们还要学习接下来的三章内容。如果尚不能胸有成竹地阐明研究课题的论点,就不要开始撰写正式的初稿。这并不是说不能做笔记、写初稿大纲或回顾审查前面的工作。事实上,每一步的每个阶段都要一再修改和反复思考。

开始撰写高质量的文献综述前,要进行论证的工作。按照种类和主题将资料分类,发现论点;然后分析资料,了解与主题相关的研究已取得了哪些成绩。要成功地完成这个任务,必须建立一个针对研究对象的论证方案,分析相关研究已取得的进展,分析这些研究是如何帮助我们认识研究对象的,它们又是否回答了我们提出的研究问题。

本部分将展示建立论证过程中的必要概念。这些概念包含建立逻辑论证的元素。可将本部分所学的概念知识应用于文献综述过程的第四步——文献研究中。你可以考虑将第三步和第四步合并起来学习,因为第四步需要运用到第三步所学的概念。

概念一:为文献综述建立论证方案

建立论证方案是指按照一定逻辑形式组织和安排一系列的事实,通过这些事实来证明研究主题中的中心论点。例如,如果论点是"参与式领导是 21 世纪最有效的组织管理方式",那么在文献综述过程中找到的资料必须支撑并证明这个结论。下面是一个简单的例子,展示了如何为文献综述建立论证方案。

设想一下，在某个天气变化多端的早春夜晚，你要决定明天穿什么衣服去上班。你是否会考虑明天下不下雨？你查看报纸，看到有下雨的预告。看一下气压表，发现气压在稳步下降。往窗外看，看到积雨云在形成。上网查询得知未来几天预告有暴雨。考虑到这些信息，你总结出，明天极有可能会下雨。根据这些信息你确定暴雨可能会在你早上上班途中来袭。把这一结论应用于研究问题——"我明天上班要穿什么？"于是，你决定明天要穿雨衣并带雨伞。

在这个例子中包含两个论点。第一个论点是"有可能下雨。"这个论点是通过收集各种来源的天气信息而得到的。通过分析不同来源的信息，你得出即将下雨的结论。通过这个结论，我们可以解决是否要提防下雨的问题。第二个论点是"我应该提防下雨"。这个论点是根据第一个论点（"有可能下雨"）而得出的。第一个论点的结果和结论是第二个论点的基础。根据两个论点的结论，可以得出：即将下雨，带着雨衣和雨伞是最明智的决定。

如何把这个例子应用到文献综述的写作中呢？在准备文献综述的过程中，我们也必须经历类似的论证过程，形成一套论证方案。论证就是逻辑地呈现论据并推导证明某个结论的过程。在文献综述中，我们一般用两类论证建立论证方案。

第一类论证是发现式论证，讨论并解释有关研究对象的已有知识。发现式论证就是呈现与你的研究兴趣相关的现有知识。例如，如果你的研究兴趣是"21世纪理想的领导方式"，那么在你的文献调查中，从资料中得出的结论必须围绕"关于领导方式，人们知道些什么"来展开。

论证的第二种类型是支持式论证。支持式论证以发现式论证为基础，对发现式论证中通过资料整合而获得的知识进行分析和评论，并解决研究问题。这一论证的结果就是你论文的主题陈述（最初在前言中讨论过）。

继续以"领导方式"为例，如果通过发现式论证，我们了解到很多有关领导方式及其效果的研究发现，那么在支持式论证过程中，我们就需要利用这些发现，去理解哪些领导方式能满足21世纪组织管理的需要。根据论证过程中提供的论据,你现在得出结论:参与管理的领导方式在特定的情况下是最好的。那么"参与式领导是21世纪最有效的组织管理方式"这个结论就变成你论文中的主题陈述。这两种论证将在第四步和第五步中具体讲述。深入讲解之前,我们先要了解一下进行论证和形成论点的原则。

概念二:论证

提到"argument"这个词,你可能会想到两个人争论一个问题,各持己见。双方都想用一些观点、主观见解、信仰或情感来说服对方。然而,这些主观因素都不是研究性论证的合理论据。正如绪论中所说,理智的、有说服力的论证是研究者的工具。这种论证是理性的讨论和辩论,严格区分事实与虚构。学术性的论证不是要压倒对方而是要说服对方。有说服力的论证必须运用逻辑推理,它提出一系列理性的论据,用以证明一个结论,而所有的论据都必须建立在坚实的事实证据上。

有说服力的论证原则很简单:如果有效论据能依据一定的逻辑来证明论点,那么论证就是成功的。如果论据没有说服力或者使用的逻辑不能证明论点,那么论证则无效。下面是一个简单的公式:

$$论证 = 论据\ a + 论据\ b + ... 论据\ n \therefore 结论$$

把这个公式应用到前面提到过的天气的例子中。云层在积厚(论据 a),气压计显示气压下降(论据 b),预报有雨(论据 c),因此,在早上上班途中很有可能会下雨。"上班途中会下雨"就是论证的主题(也就是结论)。

概念三:评价论证的基本要素

我们可以以下面的三个问题为指导,来检查论证是否有力。

1. 结论是什么?
2. 支持结论的理由是什么?

3. 这些理由是否能够证实结论？这些理由是否有资料支撑？结论是否依据一定的逻辑从论据中推导得出？

练习3.1

引导性练习

结合上面三个问题，评价下面的三个论点。对每一个论点提出这三个评价问题，写下你的答案，将你的答案与我们提供的答案进行对比。

- **论点1. 团队合作是完成工作的必要条件。** 只有通过团队合作才能完成工作。团队合作与完成工作是密切相关的。当大家像团队一样工作时，成功就会来临。

  当你问出第一个问题时，就可以得出结论了。仔细分析一下论点1，你会发现有四个结论：(1) 团队合作是必需的；(2) 工作的完成需要有团队合作；(3) 团队合作和工作完成密切相关；(4) 作为团队而工作的组织会取得成功。这四个结论过于累赘。当你问出第二和第三个问题时，你会发现没有支撑这个结论的理由，而且所提供的论据不能支持这个结论。所以，论点1是缺乏依据的。

- **论点2. 团队合作是完成工作的必要条件，因为个体需要发现能够有效工作的方式。** 个体要独立地工作才可以更有效。团队的核心责任是让所有成员有自己的空间。研究发现个体身份是一个群体保持凝聚力所必需的。研究也进一步说明个体身份可以抵制团体迷思*，可以为创新性工作打下基础。

  当你把三个问题应用于论点2时，你得到的结论是模糊的。问出第一个问题时，你不能确定下面哪一个是论点2的结

---

* 团体迷思(groupthink)，亦作"团体盲思"，指团体在决策过程中，由于成员倾向于让自己的观点与团体一致，而令整个团体缺乏不同的思考角度，不能进行客观分析。一些值得争议的观点、有创意的想法或客观的意见不会有人提出，或者提出后遭到忽视及隔离。团体迷思可能导致团体做出不合理甚至很坏的决定。部分成员即使并不赞同团体的最终决定，但在团体迷思的影响下，也会顺从团体。——译者注

论:"团队合作是完成工作的必要条件,"还是"个体要独立工作才可以有效地完成任务"？当提出第二个问题时,你发现有些论据可以支撑结论"群体成员独立的行动是群体创造性所必需的"。但是,却没有资料来支撑这一推理过程。最后,当提出第三个问题时,你发现其提供的论据并不支撑结论。如果"团队合作是完成工作所必需的"是结论,那么论据支撑的却是其他的结论。因此,论点2也是缺乏依据的。

- **论点 3. 团队合作是致力于长期工作的小组成功完成其任务的必要条件。** 我们得出这一结论是基于下面的研究：研究 X 发现当工作小组致力于共同解决问题和共同合作时,团体的交流和生产力就会增加。研究 Y 发现当团体拥有有效的人际关系处理技巧和行为时,团体的绩效就会提高。研究 Z 根据个体成员对团体任务、合作和统一的理解测量了团体发展状况,研究发现如果这些因素都是积极的,那么就预示着较高的团体绩效和生产力。

论点3在第一句就陈述了结论,因此也就回答了第一个问题。支撑这一结论的是下面引用的研究。当检查每一个研究时,你发现它们都支撑前面的结论,因此回答了第二个问题。提出第三个问题时,你发现论据是符合逻辑的、有说服力的。议论的所有部分都有条理地呈现在这里,因此,论点3是合理的。

找到论点是容易的。但是,在得出结论前,要确保合理的论证。

一个有说服力的论证可以以不同的方式呈现,可以利用一系列的论据和不同类型的逻辑结构。论据的证据和资料类型也可以是多种多样的。然而,不管论据的数量多少、提供的证据多少、使用的逻辑推理类型是什么,论证必须在逻辑上证实研究的结论。图3.1是一个简单论证。

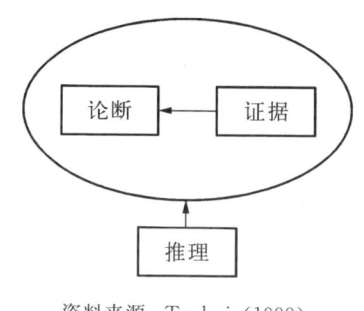

资料来源：Toulmin(1999).
图 3.1　简单论证

注意,图 3.1 包含简单论证的必要部分：论断、证据、推理。论断是宣布提出的一个真相。证据是确定和支撑论断的资料。外部的圆圈是推理：它展现了论点和证据之间的逻辑信息,也是把论断和证据连接在一起的黏合剂。推理使用一系列的逻辑来证实论断。推理是"因为"(because)部分的陈述。通常,推理是间接的(暗含的),但也可以是直接的。例如,

- "你不能穿过这条街。"（论点）
- "交通灯的红灯亮着。"（证据）
- 暗含的规则是：红灯表示停。（推理）

这个简单论证展示了研究论证的基本构件。

现在你对简单论证有了大体的认识,下面我们将对简单论证的每一部分进行深入了解。论点、证据和推理是下面要讲述的内容。

概念四：形成论断

论断

论断是论点的声明或主张。它推动论证的进行。在一个有说服力的论证中,论断应该是一个声明性的陈述。论断表达一种让人思考并接受的立场和观点。在我们前面举的天气的例子中,"穿衣服提防下雨"就是一个论断。

克里斯·哈特(Chris Hart)在《撰写文献综述》(2001)中指出,论断可以分为五种类型：事实论断、价值论断、政策论断、概念论断和解释性论断。

（1）事实论断

事实论断是关于人物、地点或者事件的陈述。事实论断在为文献综述建立论点时最常用。下面是几个事实论断。

- 在对公共教育投资方面,加利福尼亚州在 50 个州中排名第

49位。
- 食物中的反式脂肪酸是导致高胆固醇的主要因素。

事实论断必须由事实证据加以证实。

（2）价值论断

价值论断对观点优劣、行动过程、行为或立场等作出评价和判断。赞成证据（evidence of acclamation），即表示赞成和支持的证据，是价值论断的论据。下面是价值论断的例子。
- 前工业社会在道德上要优于后工业社会。
- 标准化考试成绩比课程考试成绩更能有效地表现学生对某一学科知识的掌握程度。

（3）政策论断

政策论断是指确定准则或标准的论断，它直接指出应该做什么。赞成证据也是政策论断的论据，用来表示对某种具体行为或具体立场的支持。下面是政策论断的例子。
- 应该对逃学学生的家长实施罚款的惩罚政策，以减少中学逃学率。
- 最好的民主是权力下放，地方事务尽可能由地方处理。
- 与价值论断相同，政策论断要求有充分的证据证明论断中主张施行的做法能够产生论断中提出的预期效果。

（4）概念论断

概念论断是对主张、观点或者现象的定义或描述。概念论断大多是经专家证实过的定义。下面是概念论断的例子。
- 情商是个人有效地处理人际关系和内省的能力。
- 团体迷思是指盲目附和群体内主要成员的意愿和意志，而不给予任何机会考虑不同意见。

（5）解释性论断

解释性论断是指为理解某种观点而提供参考框架的论断。专家鉴定、实证研究、统计研究以及轶闻趣事等都是解释性论断的论据。研究者使用解释性论断来建立模型、综合资料、组织事实论断。下面是解释性论断的例子。

- 凯恩斯理论指出，政府经济政策能有效地管理国家经济。
- 美国肺科协会研究发现非吸烟者在被动吸烟环境中工作面临更大的身体健康危害。

图3.2总结概括了论断的类型、用途以及适合它们的论据。

文献综述寻求回答一个研究性问题。研究性问题的答案依赖于事实、判断、标准、定义或者参考框架。图3.2综合了这些类别。开始文献综述时，首先要分析需要用何种类型的论断来回答研究问题。只有确定了所需的论断类型才能成功地找出论断所需要的合适证据和资料。

论断的种类	类 型	论证用途	论 据
事实论断	关于人物、地点或者事件的陈述	陈述一个事实	数据核实资料
价值论断	对观点优劣、行动过程、行为或立场等作出评价和判断	评判行动过程、行为或者立场	专家类支持性资料
政策论断	确定准则或标准的论断	提出应该做什么	专家或轶事类支持性资料
概念论断	对主张、观点或者现象的定义或描述	下定义	专家类支持性资料
解释性论断	为理解某种观点提供参考资料框架的论断	提供联系各个概念的框架	经过专家证实的文件、实证研究、统计研究、轶闻趣事研究

资料来源：图尔明(1999)。

图3.2 论断的种类和用途

论断的可接受性

仅仅陈述一个论断并不意味着它可以被接受，必须提供让读者认同陈述观点的理由。布斯(Booth)、哥伦布(Columb)和威廉(Williams)在《研究的技巧》(*The Craft of Research*，1995)中提出，一切论断性陈述如果要为人所接受，必须符合四个标准：切中要点、有说服力、可支持、可理解(见图3.3)。

- 切中要点：展示与论证直接相关的事实。

- 有说服力：提供令人信服的理由来支持论证。
- 可支持性：有令人信服的证据来支持的论断。
- 可理解性：陈述清晰准确。

1. 切中要点	与论证直接相关
2. 有说服力	有令人信服的理由
3. 可支持性	证据能证实立场
4. 可理解性	具体清晰的陈述

图 3.3　为人接受的论断的四项标准

这里有一个满足以上四个标准的论断的简单例子。你开车长途旅游，发现汽油不够用了。你问自己："我是现在加油还是过一会儿加油呢？"你作出声明："我应该在下一个加油站停下加油。"

这个论断是切中要点的，因为它直接回答了提出的问题。它是有说服力的，因为汽油耗尽是旅行的主要障碍。这个论断又是可支持的，因为汽油指针显示汽油即将耗尽。根据经验，你知道没有足够的汽油到达目的地。最后，这个论断也是可理解的，因为它清晰准确地提出：你将在下一个加油站加油。

这里还有一个论断的例子，不过不能满足上面的标准。你开车长途旅游，发现汽油不够用了。你问自己："我是现在加油还是过一会儿加油呢？"你作出声明："我应该换汽油。"这个论断是不能接受的，因为它没有切中要点（换汽油没有回应我们观察到的汽油即将耗尽这一现象）；它也不够强有力（因为它不能为换汽油提供令人信服的论据）；它也不具有支持性（因为证据建议买汽油）；它也不能被理解（因为观察到的现象和结论之间没有明确的关系）。

文献综述可能会出现这样的主题："学生好的课堂绩效与积极的课堂交流有直接关系。"什么样的论断会使这个主题陈述变为可接受的论断呢？例如，你可以作出以下论断："学生好的课堂绩效可以直接归因于学生与教师之间的积极的人际关系。"这个论断能否被接受，要考虑以下四个要点。

- 这个论断是否切中要点？回答是肯定的,因为这个论断陈述了积极的师生关系可以提高学生的绩效,直接涉及课堂交流的积极方面。
- 这个论断是否有说服力？是的。这一点也满足要求,因为这个论断肯定了课堂交流的一个重要方面,即师生关系,这就给论断增加了筹码。
- 这个论断是否具有可支持性呢？是的,我们有理由来支持这个论断。
- 是否可被理解？设想关键词和核心观点已经确定。这个论断确定了参与者（人际关系）、行为（原因）、结果（学生的成功）。我们可以清楚地观察、分析观点,理解不是问题。

概念五：提供证据

论断的有效性依赖于证据的提供。证据（evidence）是简单论证的第二个支撑点（见图 3.1）。正如论断推动论证的开展,证据也推动论断的陈述。证据是一系列支撑论断的资料。仅仅假设论证中论断的正确性是不够的。如果不能提供有支持性的证据,或者只是用简单的个人观点和信仰作为依据,那么论断就不能被支持,有说服力的论证也就不能进行。

资料 vs. 证据

资料不等同于证据。资料是琐碎的信息,是没有价值观倾向的,资料本身不做任何判断,信息就是信息。证据是为某个目的而收集的资料,是有意图的资料。证据是证实论断的基础。

证实论断的过程中,我们必须查询相关资料,并且根据论断的立场来编辑资料。通过筛选、编辑相关资料,使之支持论断,至此,资料才转变为证据。资料本身不是证据。然而,筛选和编辑后的资料就可以作为证据来支持具体的观点,即论断。资料的质量和相关程度决定了资料作为证据的价值。结合本部分前面的下雨的例子来看资料如何变成证据：天气预报说要下雨，气压计指数稳步下降，积云越来越厚。这些信息结合起来就变成了可能下雨的证据。

资料的质量

资料的质量指资料作为有利证据的力度和可信度。高质量的资料可以转化成强有力的证据。

- 高质量的资料要有准确性，是对研究现象的真实面貌的真实反应，对客观事物的客观反应。
- 高质量的资料要有精确性，是对现象的准确衡量、描述或刻画。
- 高质量的资料要有可信性和权威性，它们是扎实的研究实践的成果。

例如，你可能会引用下面的资料作为自己研究的一部分："研究 X 是一个以解释为目的的案例研究。该研究的对象是美国一个贵族学校中九年级的非裔学生，这些学生来自一个富裕社区。该研究旨在解释美国非裔学生在代数课上成功和失败的原因。研究发现，非裔学生九年级代数课的未通过率等于全国平均水平。因为学生都来自富裕的家庭，所以我们可以控制贫穷这一变量，研究发现代数老师和学生之间积极的交流是学生成功的主要因素。代数成绩好的学生认为与老师的积极关系是他们成功的主要因素，而成绩差的学生认为缺乏师生交流是成绩差的主要原因。"

- 资料是否准确（accurate）？当你阅读上面这篇研究时，你发现其研究方法很合理，研究基础也非常坚实，其结论也是有效度的，由此，我们可以确定这份资料是准确的。
- 资料是否精确（precise）？在阅读此篇研究时，你会发现该篇研究针对师生的访谈是按照一份严格制定的提纲进行的，访谈的问题是有结构的，并且其中的概念经过严格的定义，访谈也是由经过专门培训的人士执行，并且研究结果也获得了未参与研究的专家的认可。因此，资料是精确的。
- 资料是否是权威可信（authoritative）？在回顾此篇研究的研究设计、方法和步骤的过程中，你可以知道该研究按照案例研究的标准进行。基于此,我们可以认定该资料是权威可信的。

资料的相关性

资料必须具有相关性。具有相关性的资料必须满足两个标准:合适(appropriate)和真切(proximate)。

合适的资料即符合论断语境的资料。例如,如果论断陈述的是中学老师对标准化考试的看法,而资料却是关于小学教师的观点,那么资料就不符合条件。小学教师与中学教师属于不同的教育人士,小学教师的资料没有必要呈现在论断中,这样的资料是不相关的。

真切的资料即对研究现象提供准确解释的资料。观察者的角度决定了资料的相关性。真切标准是指观察资料的准确性。资料是第一手信息还是第二手信息?资料是首次研究成果还是严重依赖于前人研究成果的二次研究的成果?从严谨的研究中得出的一手资料是最具相关性、最有说服力的。

例如,有一个这样的论断:四分之三以上的小学教师认为标准化考试在制定教程的时候起很少或不起作用。而这个论断是根据全国小学主管人的调查结果得出的。因为研究没有直接去征询小学教师的观点,所以资料是不贴切的。这样的研究是软弱无力的,因为它最多是个二手解释。我们无法确定这样的结果是否提供了真实的写照。

限定论断

一个强有力的论断必须呈现辩论的正反两面。很少存在只有正面证据而没有反面证据的论断。也就是说,在寻找支持论断的正面证据时,也会找到反对论断的反面资料。反对论断的资料往往通过否认或缩小论断来对论断加以限定。这些资料会限定论断(qualifying the claim)的条件或范围。

否认性的资料,如:"ABC研究显示,76%的目标人群同意总统的对外政策。然而,XYZ研究在同样的情况下针对同样的人群完成了同样的调查问卷,结果却十分不同,调查结果发现,总统对外政策的同意率只有52%。"这两宗资料相互矛盾,它们的结论也存在争议。两项研究互相否认了对方。

限定性的资料限定了论断中提出的观点。限制条件把论断缩小到具体的情况。我们可以通过人口的统计学特征、年龄、性别、种族背景或者地域来缩小论断。个人经历、个人信仰或职业角色也可以用来缩小论断。我们这里有一个限定性资料的例子:"调查发现,主管层次的管理者认为工作补偿金是决定工作满意度的主要因素。同样的调查,中层管理者认为合作性的工作环境是决定工作满意度的最重要因素。"这里,决定工作满意度的具体因素是不同的。调查人群有两个不同倾向:补偿金和合作性的工作环境。论断必须陈述这两个观点。

限定论断的范围就是缩小论断陈述的领域。通常,用宽泛的声明来论断事实的一个方面是不可能的。有效的论断总是能呈现论证的正反两面。

文献综述为支撑主题论点寻找论据。论据是建立在由可接受的证据支撑的论断基础之上的,这些证据要从相关的、高质量的资料中来。几乎在每一个论证中,证据都会呈现问题的多个方面。最后形成的论断将确定主题的条件和界限,使主题合理化。

例如,我们可以说,调查资料和证据显示,学生好的学习绩效主要是积极的师生交流的结果。然而,我们也会发现经济条件、学生和家庭期望、学术能力和同伴的影响等因素对学生是否成功也发挥着重要作用。这些因素给主题提供了限定或界限,限定了学生好的学习绩效来自师生间的积极交流这一陈述。

概念六:推理——从证据到论断的逻辑过程

没有一定的组织方式,呈现的资料就不能引导我们作出论断。记住,资料是有目的的证据,其目的就是导出并证实论断。推理(warrant)就是从证据到结论的过程。推理组织证据,引出逻辑性的结论,从而证实论断。推理是简单论证的第三个支撑点(见图3.1)。

推理的定义源于这个词在中世纪的用法。它是一种授权或命令，君王的授权就是王令，持有王令的人可以确保在王权下行使某些权利。令状可以是一封授权信、一个通行证或者一个许可。它保证令状的持有者可以安全出入。

在论证中使用的令状则是确保论证，并顺利导出论断。这里的令状是联系证据和论断的中介物，是使论证得以在逻辑上顺利进行的通行证。它是逻辑性的思考，很少直接陈述出来。前面的"红灯停"的例子中，已经出现证据（红灯出现）和论断（停），但是却没有推理。潜在的推理就是红绿灯意味着穿越马路有一定的规则，红灯的信号意味着"停"的论断。

推理就是以逻辑形式呈现证据的过程，逻辑形式要能够说服读者认同论断的结论。图 3.4 显示了推理在简单论证中作为逻辑桥梁的位置。

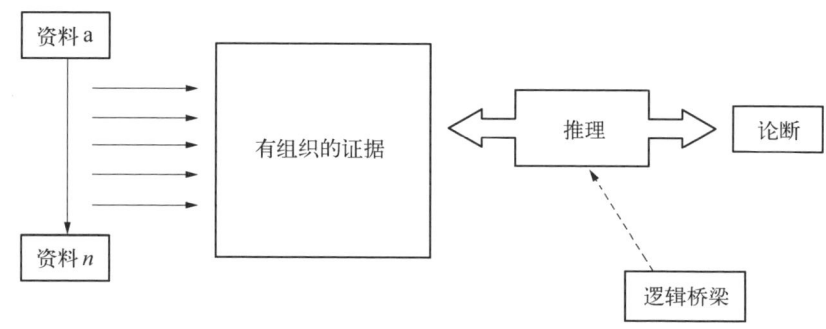

根据与研究对象相关的资料，我们能得出这样的结论。

图 3.4　简单论证

"论证是怎样经过一步一步的推理把论述中的证据变成让人信服的论断的合理论据的？"通过这个问题我们可以发现论证的推理过程。

例如，有这样一个论断：读小学的孩子应该有营养均衡的早餐。支持这一论断的证据来自很多研究，这些研究表明，当孩子的早餐营养丰富时，他们能更加集中精力，也能有更好的心理准备来开始一天的学习。这里我们使用了什么推理来证实上述论断呢？例子中使用的推理是,所用的证据可以毫无质疑地证实论断。如果有坚实的证据完全支持论断,那么人们就必须接受这个结论。

背后的推理就是论证的逻辑。我们将在下一章讲述这些推理形式以及如何应用。

> **练习3.2**
>
> **组织正式论证**
>
> 现在,思考你对组织正式论证的理解。接下来,重复练习3.1中的论证3,练习使用这个方法。写下下面问题的答案,对照你的答案和后面我们提供的答案。
> 1. 提供的证据是什么?
> 2. 陈述的论断是什么?
> 3. 回顾论证,背后的推理是什么?
>
> 调查X,Y和Z是用于支持结论(论断)的理由(证据):"团队合作是长期合作小组成功完成小组任务的必要条件。"以下是前面问题的答案。
> 1. 支持论断的证据在各种研究中被引用。
> 2. 论断是"团队合作是长期合作小组成功完成小组任务的必要条件"。
> 3. 推理具有暗示性。暗示的意思是专业性的证据和论断是一致的。因此,证据和陈述的结论是,团队合作是良好团体工作绩效的必要条件。推理的逻辑暗示了所有的证据都证实同一个结论。因此,结论必然是正确的。

概念七:复杂论点的论证

到目前为止,本部分运用简单论证讲述了论证的基本过程。简单论证包含一个简单论断、证据和正确的推理。但是,大部分论证比这要复杂。复杂的论证由多个简单论断组成。这些论断成为证实主要论点论断的证据。进行复杂论证的方法如下。

首先，进行多个简单论证，利用资料作为证据，证实每一个简单论证的论断。然后，结合简单论证的论断得出新的论据，利用这些证据来证实复杂论证中的主要论断。

看下面的例子，这里有两个简单论断："与年轻男性相比，年轻女性制造的课堂麻烦较少"，"年轻女性比年轻男性更容易适应社会环境"。这两个论断引出我们的主要论断："学生中（男性和女性），女性有更好的行为举止。"注意，简单论断是复杂论证的基础（证据）。把简单论断作为事实可以推导出主要论断。复杂论断的模型见图 3.5。

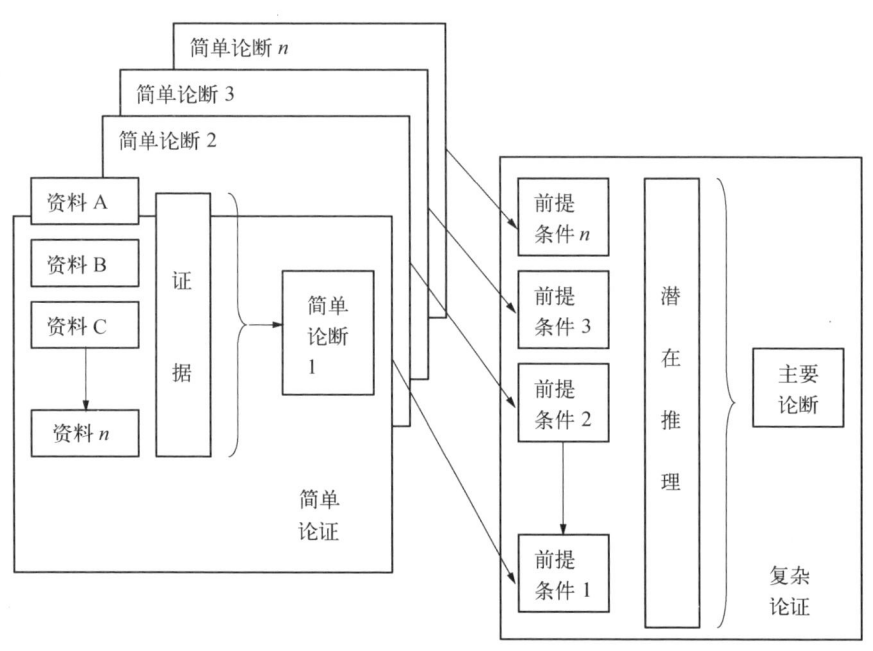

图 3.5　复杂论证

如图 3.5 所示，简单论断是构建复杂论证的砖瓦。每一个简单论断都是复杂论证的一个前提条件（premise），这些前提条件是构成复杂论证的资料。前提条件就是先前对事实的陈述或断言，它是进一步论证的基础。前提条件组织起来就成为复杂论断的证据。复杂论证的推理可以有很多形式，下面两章将深入地解释推理。

小 贴 士

- 在文献综述的过程中,要记录好每一个论断的证据。这样做比重新回头去寻找证据更容易。
- 经常与图 3.3 对照,确保你的论断类型与你的论证方法及证据相适应。
- 确保你的论断是通过正确的推理得出的。

小结

　　成功的文献综述通过有逻辑的论证建立一个论点。论断、证据和推理构成了逻辑性的论证。一个好的论证可以证明论断。要达到这样的效果,每一个论断必须建立在可信的证据基础之上,这些证据可以证实你的观点。强有力的证据是从相关的、令人信服的资料中来的。

　　既然资料为证实论断提供证据,那么你的任务就是利用资料呈现出问题的各个方面。最后,推理通过逻辑的证明过程将证据和论断联系起来,从而支持论断。推理使用暗含的逻辑来证实论断。

　　本部分最后讨论了复杂论证。在复杂论证中,简单论断作为证据,成为复杂论证的基石,它同时也是推导出正式核心论断或主题的前提条件。复杂论证的形成要经过两个阶段:第一阶段是建立简单论断。第二阶段是组织简单论断使之形成一系列前提条件,作为证实复杂论断的论据。

　　现在,你应该对论证过程有了一个基本了解。怎样在文献综述中运用论证呢?作为研究者,如何通过论证来进行文献调查和批评呢?成功的论证有哪些技巧呢?这些将是下面两章将要讲述的内容。

　　下面的自测表可以帮助你回顾这一章讲述的内容。

自 测 表

任务	完成情况
检查你的复杂论证	
1. 列出起初的结论。	☐
2. 列出支持每一个结论的前提条件。	☐
3. 这些前提条件是否能证实你的结论。	☐
检查你的简单论断	
1. 列出简单论断。	☐
2. 检查每一个论断是否满足可接受标准。	☐
3. 列出支持每一个简单论断的证据。	☐
4. 检查资料是怎样组织成为证据的。	☐
5. 资料是否有很强的说服力并且可靠?参考四个标准。	☐
6. 资料是否具有相关性?再次核查是否满足标准。	☐
7. 适当调整资料并使之符合要求。	☐
8. 证实每一个简单论证。	☐

第四步　文献研究

- ❖ 任务一：集中收集到的资料
  - 活动　对资料进行编目
- ❖ 任务二：综合信息
  - 活动一　组织信息，建立证据
  - 活动二　完善信息，建立论断
- ❖ 任务三：分析资料类型
  - 活动一　发现式论证制图
  - 活动二　论证分析

第四步
文献研究——进行发现式论证

不断探索,就会有发现;坚持不懈,就能胜利。

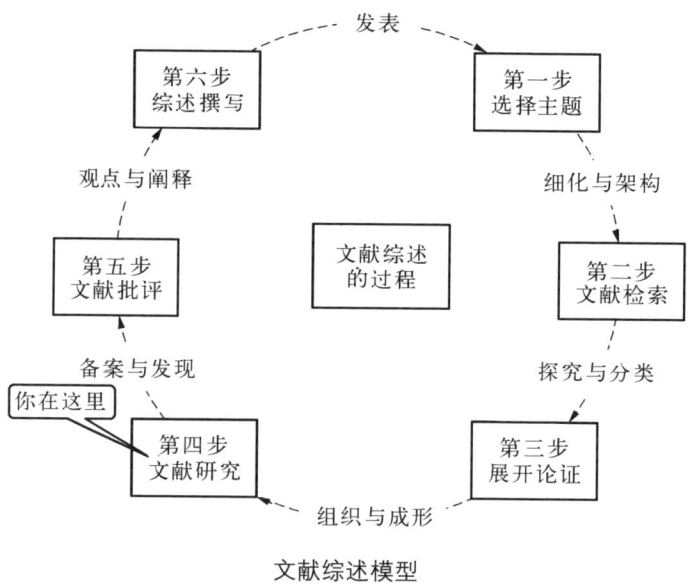

文献综述模型

关 键 词

支持式论证(argument of advocacy)——论断经过证明成为事实,在此基础上作出的论证,成为支持式论证。该类论证可作为引出结论的前提,即文献综述的论点。

论据(evidence)——为证实论断而呈现的一系列的资料数据。

> **推理**(reasoning)——通过仔细分析不断探索发现,阐述并得出结论的过程。

一篇好的文献综述必须能够将已有的发现发展成为支撑自己论文的论据。通过第三部分的学习,我们知道可以通过两种论证来建立论证方案:发现式论证和支持式论证。发现式论证陈述事实并回答问题:"你对研究对象了解些什么?"支持式论证回答问题:"依据我们所知道的情况,我们能就研究问题得出什么样的结论?"文献综述的第四步是文献研究(literature survey),它的目的是发现关于研究问题"我们已经知道些什么"(what do we know)。文献研究之后,我们要进行文献批评,它回答的问题是:就文献研究的结果,"我们能够做出什么样的决定"(what can we determine)。本部分将讨论如何通过文献研究来进行发现式论证。

文献研究收集关于研究课题的已有知识。在文献研究的初始阶段,我们需对通过文献检索所获得的资料中的发现进行审查;其后,再按照一定的逻辑将这些发现组织起来,最终形成结论。这将有助我们了解关于眼前的研究课题我们知道些什么。文献研究由三个任务组成(见图4.1)。

任务一:集中收集到的资料。

任务二:综合信息。

任务三:分析资料类型。

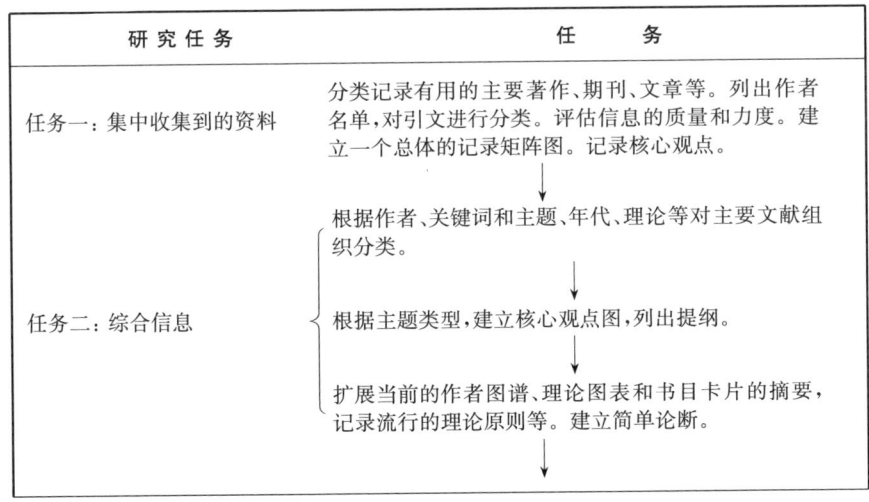

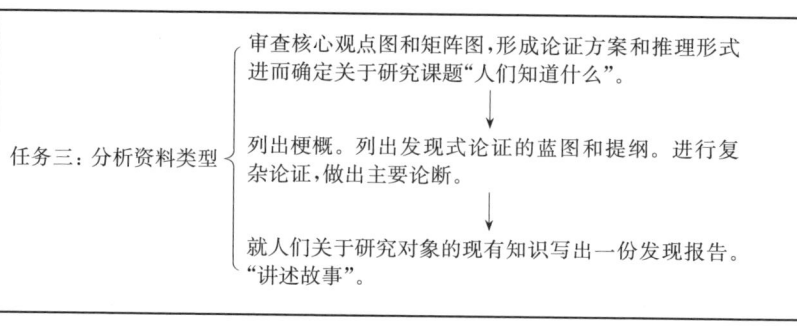

图 4.1　文献研究的过程

任务一：集中收集到的资料

文献研究始于集中信息。在这一阶段，我们要将文献检索中收集到的信息集中，并进行评价。通过集中资料，你会看到全部的处于零碎状态的信息。宏观的整体把握可以让你看清资料背后的规律，进而有利于你对资料进行组织分类。你可以建立起一个核心性的控制文档来帮助自己对资料进行集中、组织和分析。

核心性的控制文档有不同的制作方式和模式，这取决于个人需要。图 4.2 是一个示例，展示了完成文献综述所需的步骤和任务。

活动　对资料进行编目

在文献检索的最后阶段，你要建立研究对象图表、核心图表和书目卡片。利用这些资料，把信息综合起来并集中记录到中心文档中，以便对资料进行后期审查和组织。集中工作的第一步就是要把书目卡片上记录的资料转移到一个矩阵图中。把每个书目的相关资料记录到1、2、3栏中。然后，对资料进行质量审查。在第四栏中记录对资料质量的评价。必要的时候，可以回顾第三章中讲述的评价资料质量和相关性的具体标准。

把全部资料都转移到矩阵图中是很费事的。使用下面三种方式可以省去很多麻烦。

1. 使用简单的编码来指代在资料来源和中心文档中出现的内容。

第四步 文献研究——进行发现式论证 \ 81

	第一阶段 集中收集到的资料			第二阶段 综合信息				第三阶段 分析资料类型		
	关键概念或关键词(1)	引文或参考资料(2)	核心观点(3)	资料质量(4)	证据分类(5)	论证方式和简单论证(6)	简单论断(7)	论断的可接受性(8)	简单论断(前提)(9)	复杂论证(10)	复杂论断(11)
	从图表和书目卡片中来	从图表和书目卡片中来	从图表和书目卡片中来	资料是否符合质量标准(是或否)	将资料放在合适的位置作为证据	这一组证据所使用的论证方式	这条资料是这一论断的证据	论断是否符合可接受标准(是或否)	将简单论断作为主要论断的证据	用于证明复杂观点的论证方式	发现式论证的主题
作者篇名期号(A)											
作者篇名期号(B)											
作者篇名期号(C)											
作者篇名期号(n)											

图 4.2 文献研究矩阵图

最简单的方式就是按照作者或文章的首字母来进行编码。使用缩略词或关键词来记录筛选出的文献或摘要部分的核心观点,但关键是要确保你放在记录矩阵图中的核心观点可以破译,确保记录的可能性。使用编码方式时,确保所有信息有处可查。

2. 使用 Citation 或 EndNote 这些软件程序中的报告。这些软件程序在记录文件的同时具有资料查询、搜索和报告功能。你还能对其中的报告进行编辑和裁剪,这样你就能将软件无法处理的部分编辑入最终报告。把全部参考文献记录在前四栏之后,你就可以开始分析资料、建立证据和论断。

3. 采用剪贴板方式,使用活页纸或黏纸记录本来集中资料。通过这种方法,你可以直接把资料抄写或剪贴过来。

根据自己的个人技能和偏好,综合使用这些方式可以达到更佳效果。

任务二:综合信息

活动一 组织信息,建立证据

在文献研究的第一阶段,我们集中了通过文献检索收集到的资料。现在,我们进入第二阶段,在这一阶段我们要对资料进行组织,形成证据,进而在此基础上作出一些简单论断。首先,查看文献研究矩阵图(1-3栏)中的参考书目确定怎样组织资料。记住,证据是有目的性的资料。资料要怎样联系起来讲述内容呢?检查文献研究矩阵图中关于关键词、核心观点和作者的资料,把可以作为证据的资料条目整理成图表(见图 4.3)。

参照核心观点图和作者图谱,建立资料条目图表。依据时间阶段给条目分组是不错的方式,可以按照年代顺序来组织资料。按照不同主题来分组也是很好的方式。根据主题把证据联系组织起来,从而达到比对或模仿的目的。还有,也可以按作者对资料进行分组——看看就某一课题他们的研究呈现出何种趋势和特点。

资料转变成证据的方式多种多样。选择何种方式组织资料取决于

第四步 文献研究——进行发现式论证

	第一阶段 集中收集到的信息			
	关键概念或 关键词(1)	引文或参考 资料(2)	主要观点 (3)	资料质量 (4)
	从图表和书目 卡片中来	从图表和书目 卡片中来	从图表和书目 卡片中来	资料是否符合 质量标准（是 或否）
作者篇名期刊(A)				
作者篇名期刊(B)				
作者篇名期刊(C)				
作者篇名期刊(n)				

图 4.3 文献研究矩阵图：第一阶段

你的研究问题的性质。在此再次强调，没有必要限制自己只使用一种证据组织形式。尝试不同的资料分组方式更有利于找到呈现证据主体内容的最好方式。也许综合使用不同的资料分组方式是资料整合最合适的方式。

证据组织形式确定后，要把它们保存起来。建立一种编码方案对证据进行分类，编码方案可以利用关键词或者字母符号作为编码来组织证据。用一张纸列出每一个编码条目，并且简短地写出证据的分组类型。把证据分类的编码写入资料矩阵图中的第五栏。编码簿是下一步研究必不可少的参考资料。

回顾图 2.9，查看编码是如何进行的。关键词"智能理论的历史"被分解为五大部分。按照时间顺序来组织资料，其中每一部分都有下属分支。我们以第一大部分"抽象智能（1910 之前）"为例演示编码过程。编码"Pre - 1910"代表第一大部分"抽象智能（1910 之前）"。编码"EGT"代表"早期希腊思想"（Early Greek Thought）。编码"IPI"代表"波斯的伊斯兰教影响"（Islamic Persian Influences）。使用首字母缩写的方式呈现整个编码图表的内容。编码簿中要记录主要部分和次级分类的标题及其相对应的缩写编码，以便以后查阅。整个资料组织和编码过程就按照这样的程序进行。

完成这一步,我们已经将资料转变成证据形式,下一步要做的就是推理。证据必须依靠可接受的推理才能形成简单论断。这一阶段能否成功关键在于研究者鉴别推理形式的能力的高低。

推理形式

分析侦探小说情节和玩拼图游戏时使用的推理与文献综述中使用的推理是一样的。它们都有各自的基本模式,这些模式可以用于组织证据和论断并形成发现式论证。亚历克·费希尔(Alec Fisher)在他的文章《标准论证的逻辑》(2003)和《批判性思维:绪论》(2004)中,将基本的推理形式分为四种:一对一推理、并行推理、链式推理和联合推理。

四种推理形式依次从简单到复杂。每种推理形式暗示了资料组块之间的逻辑关系。推理形式是联结证据和论断的推理方案。下面我们将逐一讨论四个推理形式及其图示。

● 一对一推理。最基本的推理形式就是原因和结果直接的简单对应关系。它的形式是:

$$R(原因) \therefore C(结果)$$

在这个简单形式中,一个原因足以证实一个结果(见图4.4)。一对一推理可以区分对错。例如:"午饭铃声响了,因此,午饭时间到了。"

这种推理形式以一个令人信服的证据,证实一个论断。图4.4描述的是一个简单的因果模式,或一个证据证明一个论断的模式。

图4.4 一对一推理

● 并行推理。这种推理形式引用多条资料,这些资料提供相同的理由来证实结论。它的形式如下:

$$原因1,原因2,原因3,原因4\cdots原因n \therefore 结果$$

这种形式在第三步讲述推理时曾作为例子使用。社会科学研究者经常使用这种推理来论证文献综述中的论断。这种推理形式的典型特征是经常引用作者或理论家的观点来支持论断。比如:"专家的观点、调查研究、数据和专家证词,以及其他资料都支持同一个结论。"这种证据组织形式就好比垒砌石墙,通过收集大量的证据来证实结论(见图4.5)。

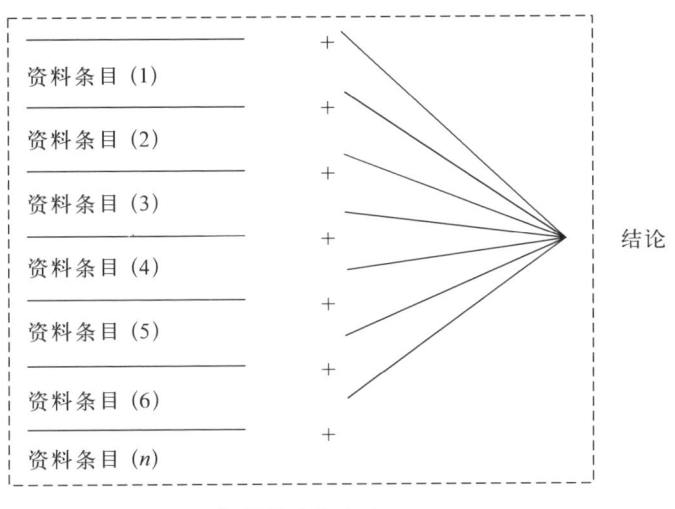

图 4.5　证据汇聚图

证据汇聚图也可以用来呈现论断。证据汇聚图在逻辑上是累积性的。当你发现多条资料都可以独立地支持某个论断时,就可以选择使用证据汇聚图。因为有许多条资料都证实这个论断,所以这个论断是真实的。例如,晚间新闻的天气预报说要下雨,收音机预报说将有雨,在线天气预报也预计将有雨,因此,将要下雨是一个真实的论断。

● 链式推理。这是研究者经常使用的另外一种论证方式。它是一种连贯式的推理,首先引用一个或多个原因证实结论。链式推理以一对一推理为基础。第一个一对一推理的结论成为第二个论证的证据。逻辑推理以链条形式不断进行,直到证实最后的结论。下面是链式推理的形式:

(原因 $1 \therefore$ 结论 1)+(结论 $1 \therefore$ 结论 2)+(结论 $2 \therefore$ 结论 3)+…

(结论 $n-1$) $\therefore$ 结论 n

注意,这种推理形式就好比制作一个雏菊花环(见图4.6)。链条的每一个环节都是证实下一个结论的前提条件。这种推理形式的思考方式是:"如果此成立,那么彼成立;因为a所以b;因为b所以c。"每一个结论成为证实下一个结论的原因,推理不断地持续下去。

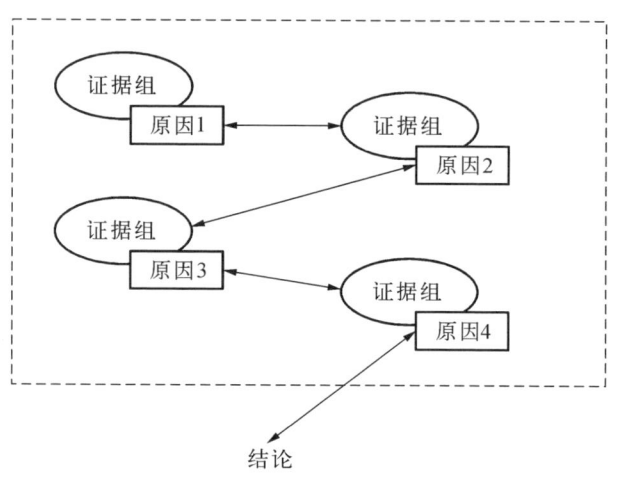

图4.6 链式推理

链式推理方式可以建立每个原因之间的联系,然后得出最后结论。在链式推理中,一组资料的论断将影响另一组资料的论断。链式关系有很多种,如一个论断对另一个论断的限制关系、论断之间的因果关系、论断的联合、一个论断对上一个论断的展开等。这种推理形式用于记录按照时间顺序排列的资料或记录理论的发展史是很有帮助的。例如:"当汽车以较慢速度行驶时,汽车引擎消耗较少汽油。因此,较慢的行驶速度意味着较少的汽油消耗。低耗油量意味着低量有毒燃料气体排放。低量有毒燃料气体排放意味着较少的大气污染。因此,降低行驶速度意味着减少大气污染。"

● 联合推理。联合推理是组织资料以证实结论的第四种形式。在这种推理中,每一个理由都不能独立存在,只有联合起来才可能提供充分的证据来证实结论。联合推理的形式是:

(原因1+原因2)∴结论

注意,在这个模式中,原因1和原因2都不能独立证实结论,但两者结合起来就可以从逻辑上推导出结论。这种思维方式可以用一句话表示:"如果 X 成立,并且 Y 成立,那么 Z 成立。"其中任何一个原因不成立,结论都不成立。比如:"如果温度降到零度以下,并且有足够的湿度,那么有可能会下雪。"

当资料可以形成某种理论或立场时(见图 4.7),你可以使用联合推理。这种推理的逻辑在本质上是添加联合。注意,每一条资料的数据都不能独立证实结论。只有当这些资料联合起来时才能得出结论。每条资料只是组成理论或观点的一个部分,只有联合起来才能发挥作用。

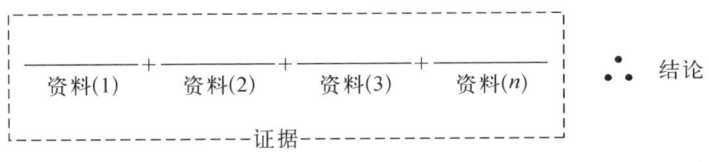

图 4.7 联合推理

活动二 完善信息,建立论断

接下来,我们将要利用上面讲到的推理形式,为一组资料设计合适的推理模式,以证明论断论点。为了建立简单论断,你需要把资料转录到矩阵图的相应部分(见图 4.8)。

1. 首先,根据证据类型分析每一组资料。分析资料是怎样联合在一起的。然后,把正确的推理形式运用到每一组证据中。

2. 把每个资料小组的推理形式(证明方案)记录在第六栏中。

3. 从每一组证据中找到由此推导出的结论。用陈述句将结论记录下来,这就是论断。

4. 在第七栏中写下依靠证据得出的论断或主张。

5. 完成论断陈述后,评价每个论断的可接受性。论断是不是切中要点、有说服力、可论证并表述清晰?(参考第三步论断可接受性部分)

6. 在第八栏中记录对论断的评价。

建立简单论证的初步工作已经做好。组织收集的信息已经转变成有力的证据并建立了可接受的论断。下一步我们需要找到简单论断之间的关系,建立复杂论断,进而说明关于研究对象我们都"知道些什么"。

	第二阶段　综合信息			
	证据分类(5)	推理方案和简单论证(6)	简单论断陈述(7)	论断的可接受性(8)
	资料在证据中的安排方式	这一组资料所使用的推理方案	作为这一论断之证据的资料	论断是否符合可接受性标准（是或否）
作者篇名期刊(A)				
作者篇名期刊(B)				
作者篇名期刊(C)				
作者篇名期刊(n)				

图 4.8　文献研究矩阵图：第二阶段

> **练习 4.1**
>
> **组织资料和建立论断**
>
> 结合你的研究，练习组织资料和建立论断。从研究资料中，选择一个核心关键词。建立一个文献研究矩阵图（见图4.2），结合收集的资料完成一到四栏，按照第二阶段的具体要求完成五到八栏。

任务三：分析资料类型

要分析有关研究对象的已有知识，我们必须进行一个发现式论证。通过安排第七栏中的简单论断将论证发展成复杂论证。完成这个任务需要分析资料，这是文献研究第三阶段的目的。

首先，回顾第二阶段的简单论断，发现它们的逻辑关系形式。这个形式将以合理的顺序——推理方案来呈现论断。简单论断是进行复杂论证的前提条件。

通过提出以下问题，我们可以对证据和论断进行批判性的分析。

"这些资料讲了什么?""故事是什么?""事情是怎样联系在一起的?"就像悬疑小说中的侦探一样,你必须检验证据,确定"发生了什么事情""是谁做的",从而解释情节。通过有意义的方式结合论断,分析证据,可以帮助你讲述故事,进行论证。如果你是侦探,你应该怎样在逻辑上研究证据、做出论断并将其发展成为有条理的故事?以论证方案为引导,你可以列出论证的提纲或图表。这个提纲可以帮助你进行尝试性的写作,这是分析有关研究对象的已有知识的第一步。如果对尝试性写作不熟悉或者需要了解怎样完成,请阅读第六步"尝试性写作:写作前的准备"这一部分的解释和练习。

复杂推理

研究者经常使用复杂推理来组织论断,并进行复杂论证。这种推理方案经常使用一对一推理、并行推理、链式推理和联合推理这四种基本推理形式中的两种或多种形式来建立中心论证。复杂论证以四种基本推理形式为基础来组织和规划各种前提条件,从而开展发现式论证。复杂论证的基础是第三步中的"复杂论点的论证",回顾图 3.5 也可以得到提示。发现式论证中常用的两种复杂推理方案是分歧推理和对比推理。

(1) 分歧推理

这种推理形式就像学术辩论,它是并行推理形式的一个分支。

$$原因1,原因2,原因3,原因4\cdots原因n \therefore 结论 A$$

$$\text{vs.}$$

$$原因1,原因2,原因3,原因4\cdots原因n \therefore 结论 B$$

引用一些专家的观点、调查研究、数据、专家证词或其他资料说明研究问题的一个方面,然后引用另一组资料来展示相反的观点。

(2) 分歧推理图

图 4.9 这种形式展示了相互对立的两种观点。这种形式可以用来描述证据资料中不同作者相互对立的立场、研究成果或理论。利用这种制图可以展示观点对立的资料,清楚对立双方的立足点和立场的关注点,并发现对立双方的强处和弱处。

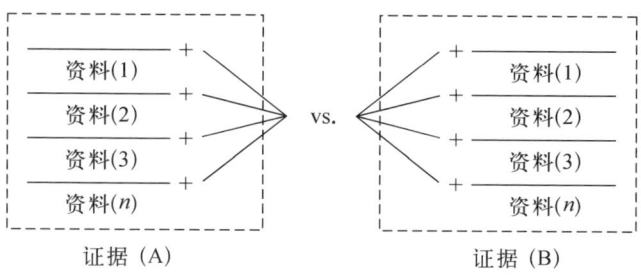

图 4.9 分歧推理图

对比推理

对比推理方案展示的是资料组之间的关系。在这个推理中,通过比较和对比每一个观点的证据和论断来检验资料组的相似点和不同点。这种复杂推理形式的过程类似于下面的公式。

原因 1,原因 2,原因 3…原因 $n\therefore$ 结论 A $\wedge$

原因 1,原因 2,原因 3…原因 $n\therefore$ 结论 B

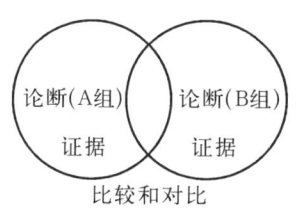

图 4.10 维恩图:对比推理

与并行推理一样,通过引用专家观点、调查研究、数据、专家证词和其他资料建立 A 组论断的证据形式。以同样的方法建立 B 组论断的证据形式。检查资料的相似点和不同点,对比和比较这两个并行的论证。维恩图(见图 4.10)展示了这种推理形式。

维恩图描述了两个或多个资料组之间的关系。维恩图经常用来表现理论资料之间的关系、对立的观点、两个群体或两种方式。维恩图的每一个圆圈表示一个证据主体。只要对每个论断作好描述,就可以轻松地从两个圆圈的相交部分看到两个论断的相同点,从不相交的部分看到它们的不同点。

进行发现式论证: 示例

下面是使用复杂推理来进行研究课题论证的例子。假设研究课题是"20 世纪人类智能的定义:认知学视角",文献研究记录了关于这一研究

第四步 文献研究——进行发现式论证 \ 91

课题的基本文献,完成文献研究的评价任务后,归结出以下三个主题。

1. 人类智能由单一结构组成,与之相反的观点是人类智能由多领域或多维度的多元结构构成。

2. 人类智能可以准确测量,与之相反的观点是人类智能不能准确测量。

3. 人类智能是遗传的、稳定的,与之相反的观点是人类智能是多变的、发展的。

针对第一个主题——智能结构是单一的还是复杂的,研究者制作了图 4.11。研究者选择分歧推理图来组织资料。众多的简单论证组成两种智能理论的证据主体。首先,必须对每一个简单论证进行讨论。注意,在这种情况下,每个简单论证都是依据与之相对应的作者的理论。

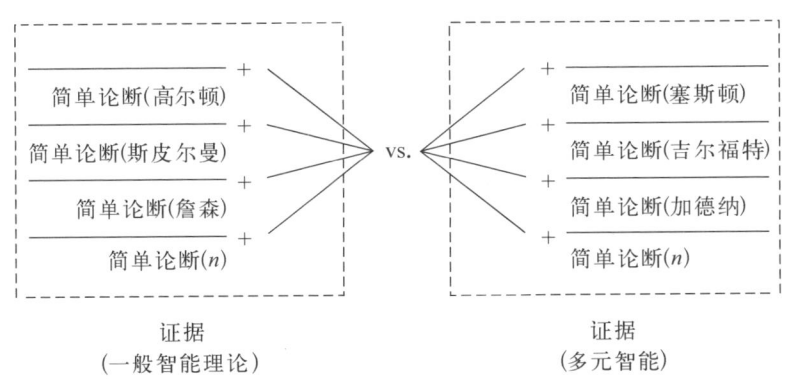

图 4.11 主题一:智能的本质

继续看例图,我们为每一对相互对立的理论建立了简单论证图,如斯皮尔曼的一般智能理论与加德纳的多元智能理论相对。我们可以通过一对一的推理形式,用简单的公式表示斯皮尔曼的智能理论。

原因 ∴ 结论

积极因素 = 智能水平

斯皮尔曼宣称,人类智能受到一种普遍因素的控制。他把这个因素叫作智能水平(他在书中给这一概念下了定义)。

链式推理方式用下面的公式对他的理论作了进一步解释。

(原因1 ∴ 理论1) + (理论1 ∴ 理论2)

这一理论可以解释为：如果人脑的某一个部分具有某种认知功能，那么这个认知功能的角色就可以分离出来作为多元智能的一元。人脑的不同部分具有不同的认知功能，所以智能是多元的。加德纳辨别出八种人类智能形式，他对人类特有的认知功能作了区分。根据图4.11的链式推理方式，他确定了每一个智能形式。设想每位作者提出的理论都是一个简单论证，那么，我们必须找出一个推理形式建立复杂论证。

继续使用分歧推理图作为论证的全局性方案。采用并行推理为一般智能理论和多元智能理论建立各自的证据主体。如下所示：

原因1，原因2，原因3…原因n ∴ 结论A

vs.

原因1，原因2，原因3…原因n ∴ 结论B

利用并行推理的添加作用，把每个独立的简单论证联合起来形成推导正式结论的原因。结合斯皮尔曼、高尔顿、詹森和其他人的论证，得出证据主体，利用证据提出一般智能理论的论断。结合吉尔福特、塞斯顿、加德纳和其他观点一致的作者的文献得出多元智能理论的证据。

推理是文献研究中开展论证的宝贵工具。首先，简单推理形式可用于形成简单论证和论断。这些论断作为前提条件，它们被组织起来，成为复杂论证的证据。然后再应用复杂推理形式来确定用于证实复杂论证主要论断的推理方案。你可以利用矩阵图的第三阶段（见图4.12）来进行发现式论证的复杂推理。

	第三阶段　分析资料类型		
	简单论断陈述（前提条件）(9)	推理方案和复杂论证(10)	复杂论断陈述(11)
	安排简单论断，作为支持核心论断的证据	为了进行复杂论证而采用的推理方案	发现式论证的主题
作者篇名期刊(A)			
作者篇名期刊(B)			
作者篇名期刊(C)			
作者篇名期刊(n)			

图4.12　文献研究矩阵图：第三阶段

活动一 发现式论证制图

分析前,先浏览第八栏中的论断。利用复杂推理形式重新组织这些论断,并对支持这些论断的相应论据进行重新分组。现在记录重组后的论断,把它们作为前提条件记录在第九栏中。分析第九栏中的前提条件,确定复杂论断的推理方案,进行发现式论证。在第十栏中记录推理方案。在第十一栏中,记录发现式论证的主题陈述。

活动二 论证分析

在完成文献研究,并列出"我们知道什么"的发现式论证大纲和制图后,请结合练习4.2来评估一下你的论证是否扎实可靠。

练习4.2

论 证 评 价

评价复杂论证

1. 你的论题中的复杂论点是什么?
2. 复杂论点由哪些前提条件(premise)构成?
3. 这些前提条件是通过什么样的推理而归纳成论题的?
4. 你的论证中的逻辑方案是什么?使用了什么推理形式(因果推理、并行推理、链式推理)?复杂论证是否有逻辑性?
5. 有没有什么不合适的地方?有没有和论证无关的简单论断?记录下它们。避免"红鲱鱼式论述"(指偏离主题、转移注意力的论述)和"野兔子评论"(指被一些无关宏旨的信息牵着走,从而偏离主题)。

评价简单论证

1. 简单论断是否有扎实的推理?也就是说,你所进行的简单论证是否提出了以充分证据和有效推理为支撑的简单论断?
2. 是否每个论断都有合理的证据支持?

3. 每一个简单论证是否由较好的推理形式证实,这些推理形式是否可以证实每一个论断?
4. 有没有不相关的论断或证据陈述? 它们是需要进一步推理还是应该舍弃?

小 贴 士

- 文献研究之前,确保已经完成综合广泛的文献检索。
- 使用某种矩阵图将论证串联起来。矩阵图是组织工具,也是批判性思考的工具。不管采用哪种矩阵图,一定要利用这两个特点。
- 推理形式对于形成较好的论证非常关键。认真学习推理形式,这样它们就会在需要的时候给予帮助。

小结

文献研究就是去发现关于研究对象已经取得哪些认知。进行文献研究,首先要建立矩阵图来审查资料,并核实收集的证据是否真实。然后,对矩阵图中的资料条目进行组织和分组,使之成为证据,以论证论断。按照时间、主题或时间与主题相结合的方式建立分组。分组建立后,构建推理形式和图表,形成简单论证。建立并组织简单论断,得出主要论证的前提条件。接下来就可以开展发现式论证了(见图4.13)。

现在,我们已经完成了文献研究和研究对象的发现式论证。研究项目的第一种论证或者说前端任务已经结束。然而,人们对研究对象的已有认识中暗含着什么?人们对研究对象的已有认识是否回答了最初的质疑?研究是否存在空白、盲点、争议和问题,是否还有待进一步

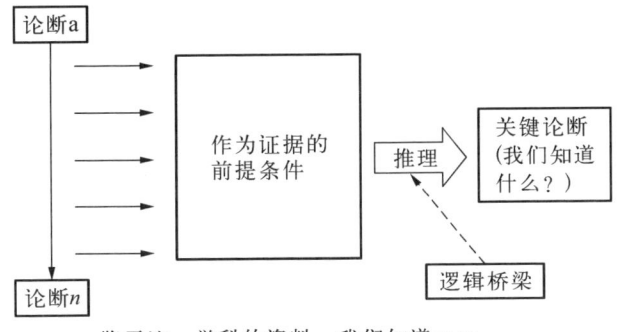

鉴于这一学科的资料，我们知道……

图 4.13 文献研究：发现式论证

研究？根据有关研究对象的已有知识，我们可以作出什么推断？我们还可以提出很多问题，必须批判地看待研究课题的现有知识。我们将在下一步讲述在研究项目中要完成的第二种论证。

自 测 表

任务	完成情况
集中资料	
1. 制作文献研究矩阵图。	☐
2. 对重要文献进行分类存档。	☐
3. 建立作者列表。	☐
4. 对引文进行分类。	☐
5. 根据主题内容组织资料类型。	☐
6. 结合主题分类，突出主要观点。	☐
7. 检查资料的质量和力度。	☐
综合资料	
1. 根据主题形式，制作核心图表和提纲。	☐
2. 记录浏览的历史过程。	☐
3. 依据目录卡片上的摘要和笔记修改作者图表、研究对象图表、主题和主要观点图表，从而进行证据分类。	☐

4. 为每个主题小组设计一个推理方案。 ☐

分析论断

1. 检查图表和矩阵图,形成复杂论证方案。 ☐
2. 写出发现式论证的提纲。 ☐
3. 为发现式论证设计推理方案。 ☐
4. 建立复杂论证和主要论断(这就是你的主题陈述)。 ☐
5. 写一个阐释性的说明。 ☐

第五步　文献批评

- ❖ 概念一：隐含推理
- ❖ 概念二：二度论证
- ❖ 概念三：论证模式
- ❖ 概念四：推理保障
- ❖ 概念五：谬误论证
- ❖ 概念六：方案即一切

第五步
文献批评——对研究进行阐释

好桶造好酒。

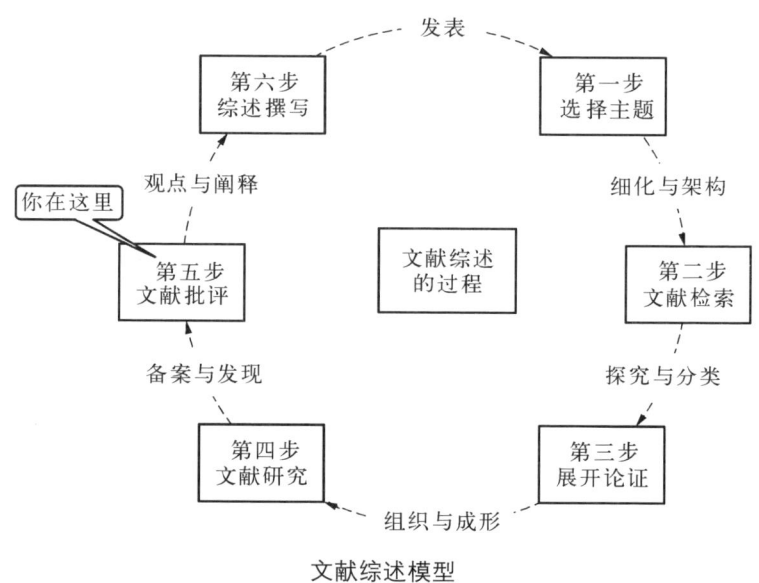

文献综述模型

关 键 词

文献批评(literature critique)——通过对研究主题现有知识的详细分析和评价来引出自己的论点。

论点(thesis)——利用现有知识,相关证据和逻辑论断展开论证从而得到的结论。

> 隐含推理(implicative reasoning)——一种逻辑形式,其模式为"如果……那么……"。当"如果……"部分为真的时候,"那么……"部分也为真。
> 保障(backing)——对推理过程的证明。
> 谬误(fallacy)——一种导致错误或误导结论的论证。

批评是一门对文学、科学或技术类著作加以阐释的艺术,它由一系列有理有据的论证组成,而论证源于对著作的详尽分析与评估。文献批评要对有关研究课题的已有知识加以阐释,并探究这些知识是如何回答研究问题的。当你构思文献批评时,问自己这样一个问题:"基于已有的知识,我提出的研究问题的答案是什么?"如果这个答案是清晰的,并且经过了发现式论证的界定,那么你就找到了文献综述的主题,达到了文献综述的目的,即对有关主题的已有知识进行综合并总结出一个论点。

大多数的课程作业及硕士阶段的研究论文都只要求文献综述达到这个程度。然而,有些研究项目(譬如博士学位论文及某些硕士学位论文)则要求研究者超越已有的知识,发现新的问题,从而拓展某一领域内的知识,进行原创性的探究。这个新的问题被称为**研究问题**。你必须提出更多的问题:"何种具有原创性的新知识能够扩展已有的知识领域?有关这一研究课题的发现式论证揭示了哪些局限、矛盾、忽略与争论?"在博士阶段的研究项目中,文献批评不能仅仅是支持已有知识,而必须做得更加深入,必须寻找尚未解答的问题和只有通过新研究才能解答的问题。

无论是阐释已有知识还是探究新的研究问题,都必须以切实可信的论证来证实主题。

概念一:隐含推理

文献批评运用隐含推理(implicative reasoning)来导出结论。从定义来说,隐含推理是对论据进行逻辑阐释的过程,以便提炼论点,导出特定结论。如果 A 是真的,那么我们可以假设 B 也是真的。文献批评以已有文献中的论证作为命题式的论据,从而支持文献综述的论题。文献检索与文献批评通常以"如果……那么……"的形式先后出现。

现在我们来看一个"如果……那么……"的简单示例:"如果外面正在下雨,那么你去上班时就要带上雨伞。"请注意,这个陈述包含两个命题——"如果外面正在下雨"和"带上雨伞",这两个命题彼此独立,需要分别加以论证。第一个命题"如果外面正在下雨"需要证据来证明外面确实在下雨,而一旦这个命题成立,那么"带上雨伞去上班"这一提议就有可能是合理的。然而,"需要带上雨伞"这一命题在逻辑上确实合理吗?为了保证第一个命题的真实性(直接观察),我们可以运用一些观察的方法,证实外面的确正在下雨。此时,"外面正在下雨"这一已经被证实的命题就成为第二个命题的前提论据,亦即"已知外面正在下雨,你应该做什么?"第二次论证则必须从逻辑上证明这一事实的隐含之义,从而决定后续行为的合理性。我们需要论证的是,因为外面正在下雨,所以我们外出就会被淋湿;如果你不愿意被淋湿,那么你就需要带上雨伞。我们先前的经验可以支持这一行为的合理性:使用雨伞可以保护我们在雨中不被淋湿。这一推理在逻辑上连接了两个命题,证明了"带上雨伞"这一结论的合理性。上述示例看上去像是解释过度了。不过,将其每一个步骤分解开来,则展现了运用"如果……那么……"形式的分析推理过程。

概念二:二度论证

我们可以使用"如果……那么……"的论证形式,把在第四步(文献研究)中获得的诸多论点与第五步(文献批评)相结合,得出一系列结论。试着连接这些相互关联的命题:"如果这就是我们对这一主题的了解,那么根据研究问题,我们可以得出下述推断。"这些暗含的结论即成为文献综述的主旨论点。链式推理是建立"如果……那么……"式论证的逻辑模式,而文献综述就是依靠这样的论证建立起来的。我们可以运用链式推理的模式(正如第四步所讨论过的那样)

来绘制某项研究的两次论证的示意图。论证的情节过程可以用下面的逻辑图来表示(见图 5.1)。

```
        (如果)              (那么)
     发现式论证            支持式论证
     $(R_1 ... R_n \therefore C_1) + (C_1 \therefore C_2)$
```

图 5.1　文献综述案例

图 5.1 中"如果"部分的论证描述的是第四步(文献研究)中的发现式论证过程。这一步骤收集实证性的数据,以确定有关研究课题的已有知识。发现式论证得出的论断从本质上来说是中转性质的,它连接发现式论证与支持式论证,构成论证后者的前提。如图 5.1 所示,C_1 既是第一次论证的结论,也是第二次论证的前提,同时又将成为本部分中文献批评环节的基本论据。

现在,让我们来看看图 5.1 中"那么"部分的论证。你可以运用前提(即有关已有知识的说明)来回答研究的初始问题:如果我们已经知道了有关这一研究课题的 X 知识,那么 X 知识能怎样回答我的研究问题? 这个问题的解答就是支持式论证,而其结论(C_2)就是文献综述的主旨论点。

图 5.2 描述了链式推理如何建构"如果……那么……"的推理模式,为文献综述作出论证的过程,这一过程包括两次论证。其中,在文献研究环节构建的是发现式论证,在文献批评环节构建的是支持式论证。请注意,发现式论证过程得出的一系列复杂论断,正是文献批评中支持式论证的基本论据。

支持式论证基于"如果……那么……"的形式。如果由发现式论证所得出的主要论断是成立的,那么必须为研究问题提出相应的解答(论题)。由于支持式论证是一种带有隐含意义的论证,因此论证模式必须证实这种隐含性。正如我们在本部分开头"如果下雨,那么带伞"示例中所看到的那样,生活经验的隐含逻辑证实了"带伞去上班"这一命题的合理性。这种生活经验运用"结果"与"方法"的推理模式来论证其合理性,即:"如果现在正在下雨,而我们不希望被淋湿,那么经验告诉我们，带上雨伞是满足这一结果的适当方法。"这个例子说明，支持式论证还需要运用发现式论证得出的复杂论断来回答研究问题。能否成功地证实论点，这取决于论证过程中使用的隐含推理是否正确。

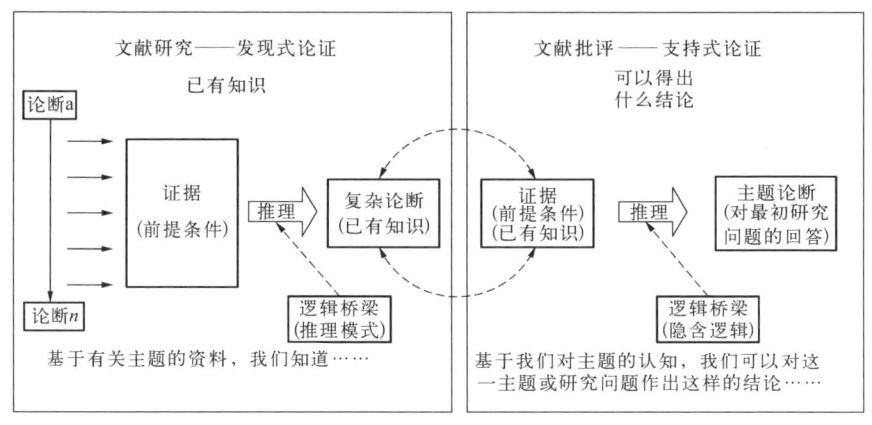

图 5.2　文献综述研究方案

概念三：论证模式

要对文献批评进行论证，请问一问自己以下问题："如果前提是'关于研究问题，已有知识 X'，那么能得出什么结论？"要回答这一问题，必须弄清已知前提与研究问题本身之间的关系：研究问题要寻找什么信息？已有知识能够如何回答这一问题？如何建构"如果……那么……"的逻辑关联？埃宁格（Ehninger）和布洛克瑞德（Brockreide）在《辨论决策》（*Decision by Debate*, 1960）一书中提出隐含论证的九类基本模式，分析了研究问题和由发现式论证得出的论断之间的关系，每个模式都建立在完整的逻辑规则基础之上，我们必须选择能够在前提与论点之间建立最佳逻辑关联的模式。

选择正确模式的关键在于弄清研究问题所寻求的答案与文献研究得出的证据和前提之间的关系。我们以一个简单的研究问题为例："什么饮食习惯会导致儿童肥胖症？"回答这一问题的有用信息与肥胖症这一结果之间属于因果联系，所以最适合的逻辑关联就是"因果联系"。

在这个研究问题中,结果已经指明,所要寻求的是原因,所以基于发现式论证的证据和前提必须说明导致肥胖症的饮食与行为习惯。图5.3是文献批评进行支持式论证时应用的一些基本逻辑模式和方法。图表下面是对九类隐含逻辑模式的简要总结和示例。这些模式将被用于文献批评的论证过程之中。每一模式都有各自的逻辑规则和先决条件;为了实现论证目的,必须在论证过程中体现这些先决条件。

论证模式	逻辑规则	先决条件:"研究者必须表明……"
从因到果	任何原因都必然导致某种结果(有因必有果)	证据中包含造成某种结果的直接原因的资料
从果到因	任何结果都必然是由某种原因导致的(凡果必有因)	证据中包含研究问题的有关案例导致某种直接结果的资料
预示	可辨识的征兆、信号或征象会先于事件与行为而出现	证据中包含某些征兆性资料,这些征兆预示着研究问题中某些行为或事件将会发生
从个体到总体	对于个体成立的命题,对于总体也成立	证据中选择的个体具有代表性,能够代表研究问题界定的总体
从总体到个体	对于总体成立的命题,对于个体也成立	研究问题界定的个体具有代表性,能够代表证据中指出的总体
平行案例	当存在两个相似案例时,对于第一个案例成立的命题,对于第二个案例也成立	证据中提供的案例与研究问题界定的案例足够相似,可以视为平行案例
类比论证	如果两个事物相似,对于其中一事物的结论可以假定为另一事物也适用	证据中的案例(案例A)具有的性质能够有助于解释和澄清研究问题的有关案例(案例B)中与之相似的性质
权威论证	一个人对某个问题知道得越多,他对这个问题的论断就越真实	证据中呈现的证词运用的是与研究问题界定的案例相关的可信赖的专家的证词
结果-途径	一个结果可以直接归因于某种特定行为的执行	证据中提到的特定行为将导致研究问题中界定的某种结果

图5.3 九种论证模式

1. 从因到果。"原因导致结果"是支持这一模式的隐含逻辑规则。运用这个论证模式,你必须证明你的证据指向的是你在研究问题中界定的某种结果的原因。

下面的研究问题可以运用这一论证模式。

- "内地城市的少数民族高中生辍学的原因有哪些?"
- "多代福利依赖的原因有哪些?"

上述每个问题都界定了一个结果,然后寻求其原因。在发现式论证环节得出的前提必须提供证据,证明这些原因与你的主旨论点有关。

2. 从果到因。"从果到因"模式运用的是与"从因到果"模式刚好相反的逻辑规则。这一规则认为,所有的结果都源自一个或多个原因。要运用这个论证模式,你必须确保你的证据能够印证你在研究问题中所界定的情况可能导致的各种结果。

适宜这一论证模式的典型研究问题如下。

- "青少年酗酒的早期预防措施有何成效?"
- "强硬的合同协议对员工工作态度有什么影响?"

这些问题都界定了一个原因,然后寻求其结果。在发现式论证环节得出的前提条件必须提供证据,证明这些结果与你的主旨论点有关。

3. 符号。当研究问题寻求的是某个事件或行为的合理信号(signal)、指示(indicator)或征兆(symptom)模式时,可以使用符号模式。支撑这一模式的逻辑规则是:行为或事件的征兆、信号或指示的出现先于行为或事件本身。运用这个论证模式的前提是,证明在探究论证环节得出的前提正是研究问题所界定的案例的合理征兆、信号或指示。

这一论证模式的研究问题如下所示。

- "儿童自闭症的早期征兆是什么?"
- "功能异常型群体的特征是什么?"

每个问题都是寻求预兆研究情况将会发生的符号或信号前提。这些前提将成为这些情况的特征,可以对其作出论断。从探究论证环节得出的前提必须提供行为或事件的征兆、信号或指示,从而形成论据,导出文献综述的论点。

4. 从个体到总体。当研究问题通过考察具有总体代表性的个体以确定总体的属性时,可以运用"从个体到总体"的论证模式。支撑这一关联的逻辑规则是,对个体成立的命题,对总体亦成立。运用这一模式的关键在于,论据主体中确认的个体必须确实能够代表研究问题所界定的总体,由此以来,"对个体成立的命题,对总体亦成立"这一规则才能够在前提与结论之间建立逻辑关联。

适合运用这一论证模式的研究问题如下所示。

- "根据过去10年的SAT成绩判断,加州的高中毕业生是否比其他州的高中毕业生做了更好的上大学准备?"
- "根据学生参加司法考试的首次通过率判断,受美国律师协会资助的学生是否比未受资助的学生做了更好的上大学准备?"

这些研究问题都需要有关特定总体与待查个体的材料。应用这一模式,必须证明个体确实代表了总体,把具有总体代表性的个体作为论据材料。如果论证满足了这个逻辑规则,那么这一前提就能表明总体的逻辑结论(论点)。

5. 从总体到个体。如果研究问题寻求的是界定或描述个体,或者要运用有关普遍总体的数据来预测个体行为,那么就可以运用"从总体到个体"的论证模式。这一模式的逻辑规则是,对总体成立的命题,对具有总体代表性的个体亦成立。这个论证模式的逻辑与"从个体到总体"模式完全相反。在这个论证过程中,前提说明的是整个总体的特征,从总体特征出发推导研究问题中界定的个体特征。

适用这一论证模式的研究问题如下。

- "卫生保健专家运用怎样的人际沟通技巧来引导患者配合治疗?"
- "管理者运用怎样的领导策略来培养员工的敬业精神与合作态度?"

这些问题都需要从关于总体的证据中得出前提条件,然后把这些论据直接用于研究问题所界定的个体。如果共性能够由个性推导得出,那么就可以使用这一论证模式,但必须证明在研究问题中界定的个体确实能够代表论据主体确认的总体。

6. 平行案例。很多研究问题寻求的是两个相似案例的比较,而这一模式正是在两个相似案例的比较中展开批评论证。"平行案例"模式的逻辑规则是,当存在两个相似案例时,对于第一个案例成立的命题,对于第二个案例也成立。

适用这一论证模式的研究问题如下。

- "选定的精英学校的哪些教学策略能够为其他精英学校所借鉴,从而提高学生的科研能力?"
- "某个示范性的高效管理团队的哪些社交技巧能够为其他高效管理团队所借鉴,从而促进积极的人际沟通?"

这些研究问题都以某典型案例在特征上的相似性为前提,探讨研究问题所界定的案例。运用这一模式,必须证明论据主体所确认的案例与研究问题所确认的案例具有相似性。

7. 类比论证。当研究问题试图将特定案例与某种原型、典型或标准相比较,从而澄清或揭示其特征的时候,可以运用类比论证模式。这一模式同样也采用了比较的逻辑,将特定案例的某些相似部分与原型案例中的对应部分进行比较,以达到解释或澄清的目的。这种比较与"平行案例"模式的区别在于,后者论证的是两个案例本身的相似,而前者所论证的是各个案例中包含的某些特性或部分的相似。

运用这一论证模式的研究问题如下。

- "将组织机构与生物机体进行类比,如何解释前者的内在运作?"
- "建构文献综述的步骤与玩拼图游戏有什么类似之处?"

上述问题代表了类比论证的运用。要运用这一模式,必须证明,倘若将论据主体确认的案例与相似的案例进行比较,那么就能够澄清与解释某些未知之处。

8. 权威论证。在形成研究问题的过程中,参照权威观点是应用最为普遍的模式。这种逻辑依赖于权威专家的论证或观察,从而能直接证实研究问题界定的案例。这一模式的逻辑规则是,由于专家认为某个命题成立,而专家意见是确凿合理的参考资料,因此该命题为真。

运用这一论证模式的研究问题如下。

- "人类智能的本质是什么?"
- "复杂组织的有效领导的特征是什么?"

这些问题可以有效地运用相关的专家论证,以此作为论据来证明结论(即案例的论点)的合理性。运用这一模式,必须证明论据主体对于研究问题提出的疑问提供了权威的解答。

9. 结果-途径。如果研究问题寻求的是某种较好的方向、方法或行为,那么便可以运用"结果-途径"模式来构造批评论证。这一模式采用的逻辑规则是,一个结果可以直接归因于某种特定行为的执行。这个模式的前提是论据主体中论断的方向或行为能够达成研究问题寻求的结果。

运用这一论证模式的研究问题如下。

- "培训者必须掌握哪些互动技能才能有效地引导第三方的介入?"
- "实习导师需要掌握哪些辅导技能才能成功地辅导一年级实习生?"

上述每一个问题都在寻求能够解决研究问题提出的议题的方案。要顺利地运用这一模式,必须证明的是文献检索的论据主体确认的行为是为了达成研究问题确认的结果而设计的。

上述九类模式都提供了某种逻辑规则,确保了从前提(论据)到命题(结论)的论证的合理性,从而满足了论证的基本法则。九类推理模式提供了不同的方法,以证明支持式论证的结论,也就是文献综述的中心论点。

概念四:推理保障

在结束隐含论证模式的阐述之前,请考虑一个更加重要的概念:推理保障(backing)。假定论证是以合理的隐含模式展开的,但有个问题依然存在:隐含模式合乎逻辑吗?每个推理模式都有其逻辑规则,而这种规则使得推理具有可操作性。并且,每个推理模式都依赖于这些逻辑规则和一些特定的条件,只有满足条件时才能正确地运用这些模式。例如,当你运用"从总体到个体"的模式时,所遵循的规则是"对总体成立的命题对具有总体代表性的个体也成立"。研究者要正确地运用这个模式,就必须具备两个前提条件,以便满足这一逻辑规则,这两个条件也是证明该模式是否合乎逻辑的保障条件。

- 第一,选取的部分或个体必须是研究总体中正当有效的个体。

● 第二，选取的部分或个体必须是研究总体的代表性个体。"代表性"意味着个体必须具备总体的全部特征。

如果这些条件无法满足，构建论证模式的逻辑规则就行不通。为了正确地运用这九类论证模式，每一类模式都具有一至两个有条件的逻辑规则。托尔敏在建构其论证理论时，称这些条件规则为推理保障，这种保障确保了论证的合理性。图5.3提供了每一类基本隐含论证模式所需要的保障规则与先决条件。

运用合适的论证模式，在研究问题与发现式论证环节形成的前提之间建立逻辑联系，进而展开支持式论证，并从逻辑上证明文献综述的论点。

为论点设计一个强有力的论证方案，是每个研究者都极为关心的事情。尽管这种方案永远不会尽善尽美，但它必须稳健有力。这就意味着，一旦方案呈现，它就必须经得起各种反驳论证的质疑。稳健有力还意味着该领域的同行团体能够理解和接受这一方案的前提与论点。

让我们再看看第四步的"智能理论的历史"这一例子，以便解释如何撰写一篇文献批评。图5.4展示了使用发现式论证模型的论证过程，解释了"人类智能的定义是什么"这一研究问题的论证方式。

首先我们看图5.4的最左边一栏，你会发现研究者列举了许多人类智能领域的主要理论及其创立者的名字。在图的中间一栏，研究者

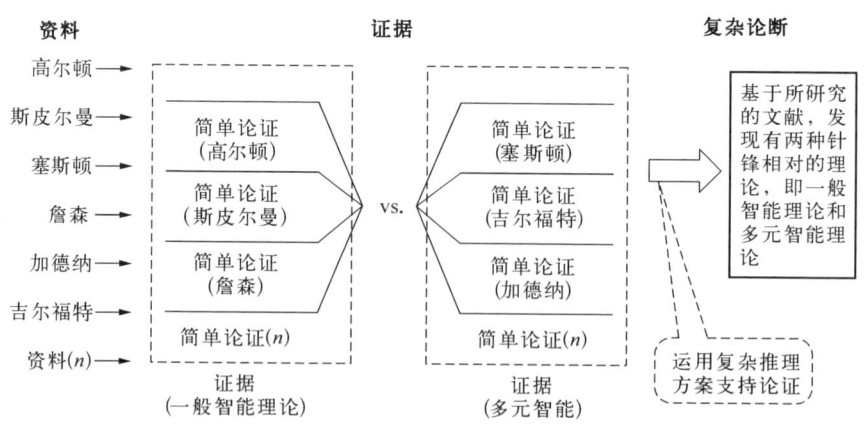

图5.4　20世纪的认知视角：发现式论证

梳理这些理论观点,将其划分为两个阵营,从而构建论据主体。通过并行式推理这一复杂的论证结构,研究者将这些简单论断分别编组为支持每个主要观点的论据。这种体现分歧的构图方式展示了两种互相对立的主要观点阵营。随后,这种复杂推理结构就证明了发现式论证的结论:20世纪,在人类智能本质的问题上,存在两种主要的理论立场。图5.4的最右边一栏写出了这一结论。

文献研究环节中的发现式论证得出的主要论断现在成了建构支持式论证的前提。图5.5展示了支持式论证是如何支持主题论点的。

设计支持式论证应该由重申研究问题开始,这是最初的研究兴趣所在。文献综述的论点必须指向这个问题。在例子中,研究问题是:"在20世纪,从认知视角考察智能本质的主要理论有哪些?"文献综述的论点必须回答这一问题。研究者必须采用一种方式,收集并评论人类智能领域的主要认知理论,顺利解答这一问题。这一工作是从呈现已有知识开始的。

我们先看图5.5的左栏,研究者将发现式论证得出的论断转化为

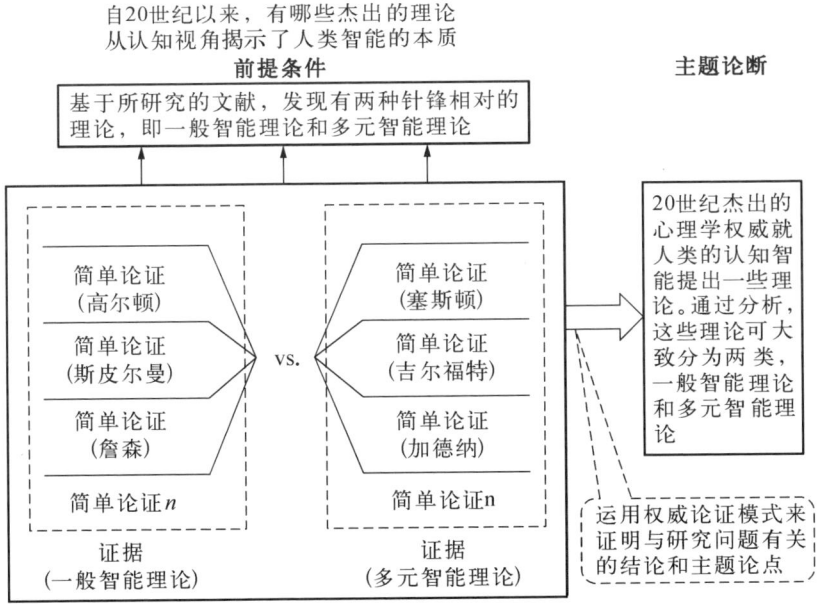

图5.5 20世纪的认知视角:支持式论证

支持式论证的前提。现在,研究者以这些论断作为支持论据,建构解答研究问题的论证。在这个例子中,论证前提的综合表述是:"基于检索到的文献,存在两种完全相互对立的主要理论观,即一般智能理论与多元智能理论。"用以支持这一前提的材料就是发现式论证中呈现的诸多简单论断。

此时,研究者已经指明了有关研究问题的现有知识,这些前提能否回答研究问题?把前提条件应用于研究问题,我们就可以发现,这显然是一个令人满意的答案。20 世纪的心理学家在人类智能本质这一问题上提出了两种重要的理论,这一信息能够贴切地回应研究问题吗?若是如此,文献综述似乎便已提供了解答研究问题的论据。然而,这种论断或论点在逻辑上得到证明了吗?如何证明这一论据是可信的呢?在此处,研究者必须重温那种分歧式的推理模式(见第四步),从而证实这些前提的可靠性与确切性。这样一来,研究者就可以成功地证明这些前提是可信而有效的。

研究者应该运用什么逻辑把学者们提出的这些理论原理转换为可以证明文献综述论点的论据?正如图 5.5 的右栏所示,研究者运用了隐含的权威论证来证明其论点,即:"20 世纪的杰出心理学权威学者在人类认知智能领域提出了以下两种主要理论,即一般智能理论和多元智能理论。"

为了在发现式论证得出的诸项前提之间建立隐含关联,研究者需要审视那些前提的本质,并将其建立在权威论据的基础之上。由于论据主体得到了专家观点的良好论证,这种源自权威的推理是十分言之有理的。因此,运用这种模式(作为支持结构),支持式论证所得出的便是一个合理的结论。然而,文献批评还可以走得更远。请注意,用以支持前提的论据来源于分歧式绘图(divergent mapping)。研究者有责任将每个反对观点提出的辩驳案例一一摆出,从而进一步解释检验自己的论点。为了完成文献批评,研究者必须展现所有相互辩论的对立观点。这一评价性的论证结束之后,研究者甚至有可能形成一种比其他任何观点更令人信服的理论。同时,研究者还要考虑,是否有可能建立一个新的研究问题,推动原创性的研究,为现有的争论提供新的解答,从而拓展研究课题的现有知识领域。

> **练习 5.1**
>
> **评估文献批评**
>
> 根据下列提示,审视你自己的文献批评,评估其逻辑力度。
>
> 1. 检查你的初始研究问题。论证1建立的前提是否为研究问题提供了令人满意的回答?如果没有,你接下来该做些什么?如果解答已经令人满意,那么这个前提就能直接导向论点。
> 2. 检查支持前提的论据的性质。论据建立在何种模式之上(从因到果、从果到因、符号、从个体到总体、从总体到个体、平行案例、类比论证、权威论证、结果-途径)?通常,合适的模式不止一种;若是如此,你必须选择一种论证力度最强的模式。确定论点或研究问题,并确保论证模式中所用的案例能够得到逻辑支持。
> 3. 展开批评性讨论。要支持论点,你必须对探究论证得出的前提与论据主体进行分析与评价,从而进一步澄清综述包含的核心观点。例如,这篇文献批评可能包括核心部分模型,可能要对不同观点的争论进行评价,对现有知识的疏忽与遗漏进行补充说明,对中心论点进行定义上的发展等。

概念五:谬误论证

研究者要谨防谬误论证的陷阱。谬误论证即导致错误结论或令人产生误解的论证。确凿数据的缺乏、不适宜或不连贯的论据、无根据的论断,都会导致谬误论证。在论证中,最常出现的谬误有两种:草率定论和忽略其他解释。

以下是研究者必须避免的一些主要谬误。

1. 当研究者作出的结论基于空泛的论据之上时,草率得出错误结论的风险就会有所增加。对论据的评价不完备也会导致草率定论,从而产生谬误论证。

2. 研究者面临的第二大诱惑就是以偏见的眼光进行论证,没有恰当地考虑其他可能的解释便作出结论。研究者的论证很少会是一面之词；倘若出现这种自我论证的情况，研究者往往不是被一个较好的结论蒙蔽了眼睛，就是未能足够深入地探究数据，寻找其他的可能性。避开这些诱惑，研究才会具有力度。希望研究者能借此有效地防范上述两种最普遍的谬误论证的产生。

3. **指名道姓谩骂的诋毁**式研究，通过对作者进行人身攻击的方式抨击对方的材料、立场或专家观点。"对手之言皆不可取。"

4. **诉诸感情**的研究，立足于情感立场，而非论证立场的研究。这种研究直接诉诸大众思维，或将其结论建立在群体思维的基础上，而没有提供合乎逻辑的案例证明。"所有的爱国者都必须支持我的观点。"

5. **诉诸无知**的研究，运用这样一种逻辑：由于一个论断未被证明是错误的，因此它就一定是正确的。以这种潜在逻辑去论证观点显然是荒谬的。"很明显……"

6. 当研究采用"从因到果"或"从果到因"的论证模式时，**因果关系误置**也会时有发生。为了证明因果关系，必须确保导致结果产生的行为及其必然结果之间具有无可辩驳的关联。太多的研究者在论证因果关系时，忽略了其他行为或事件对这一因果关系可能造成的影响。"从测试的最低分可以很明显地看出老师们的不称职。"

7. 如果研究首先提出一个论断，然后以此作为论证自身的论据，这就是一个**用未经证明的假定为证据**(beg the question)的研究。换言之，这是一个循环论证，好比说："上帝是存在的，因为上帝是这么说的。"

8. **不相关结论**(disconnected question)的研究，没有论据支持就做出结论。这类研究错在没有提供论据，或是陈述的论据与提出的论点之间没有关联。"我们必须占领伊拉克，因为他们有大规模的核武器。"

9. 以"**众所周知**"(everybody knows that)作为结论的研究。在这类研究中，研究者的结论建立在残缺或模糊不清的概念之上，既没有专家论证，也没有科学观察，什么论据都没有。研究者仅仅将其论断建立在虚假前提或一己之见的基础之上。

10. 产生**多重疑问**(loaded question)的研究。这类研究提出的研究问题暗含一个或多个虚假可疑的假设。此类研究问题的典型例子是：

"你何时才会停止殴打你的妻子?"请大家注意,这个问题中充斥着各种预设,即假定你有妻子,并假定你殴打了她;而且,所有的假设都未经事实论据验证。如果研究者设计的研究问题包含一个或多个未经证实的核心概念,那么谬误就产生了。

11. **欲加之辞**(poison the well)的研究。它利用控制性的语言进行带有偏见的论证。在这类研究中,研究者运用描述性的语言,消极或积极地"贩卖"其论证,而无视论据的存在。例如"本研究分析了官僚主义、独裁专制和耗费大量资金的'不让一个孩子掉队'政策对加州市区三年级儿童阅读水平造成的影响"。

其实还有许多其他类型的谬误论证,上述类型只是最常发生的几类。请记住,避免谬误论证的最好方式就是构建有力的发现式论证与支持式论证。

概念六:方案即一切

论文方案是任何文献综述的关键部分。如果文献综述未能呈现一个支持其论点的明确方案,那么就无法实现其目的,也丧失了一切可信度。呈现方案、建构确凿的论证、展现清晰的逻辑是文献研究和文献批评的主要任务。进行文献研究与文献批评时,研究者必须经常反思自己是否正确地呈现了方案。用以进行支持式论证的方案的质量决定着论文的质量,任何领域的研究都是如此。正如意大利谚语所言:"好桶造好酒。"

小 贴 士

- 文献批评是留给读者的最后印象,一定要确保其坚实有力。
- 完成文献批评后,回顾第五步的图表,检查你构建的方案是否合理。
- 重审你的论证,辨别你运用的推理模式,它们满足其先决条件了吗?
- 对照谬误清单进行检查,确保你没有犯其中任何错误。

小结

第五步讲述了在文献综述中如何进行支持式论证。本部分探讨了文献批评的目标以及达成该目标必须经历的三个步骤。运用"如果……那么……"作为论文的逻辑基础,本部分解释了发现式论证与支持式论证之间的联系。九类逻辑联结模式提供了多种方法,用于在研究问题与支持论点的前提之间建立强有力的隐含逻辑关联。一篇优秀的文献批评不仅需要进行支持式论证,在已有知识与结论之间建立关联,还需要提供必要的证据,以详尽阐述主题内涵。最后,本部分还列举了一些常见的谬误论证,避免这些谬误论证,可以确保论证的合理进行。

自测表

任务	完成情况
重温主旨问题	
1. 分析论文研究的基本问题	☐
2. 确定研究问题需要使用的隐含推理类型	☐
构建支持式论证	
1. 基于发现式论证的复杂论断,建立前提	☐
2. 选用合适的推理方案组织这些前提	☐
3. 构建支持式论证	☐
4. 构建中心论点	☐
5. 根据支持式论证,撰写一份尝试性的文献评论	☐

第六步　综述撰写

❖ 任务一：通过写作增进自身理解

- 活动一　复习笔记和备忘录
- 活动二　探究性写作
- 活动三　大纲设计
- 活动四　最初的初稿

❖ 任务二：通过写作促进他人理解

- 活动一　撰写初稿
- 活动二　撰写第二稿和第三稿
- 活动三　完成终稿

✓ 提交文献综述

第六步
综述撰写——撰写、审核、修改

良好的判断力是写出优秀作品的秘诀。

——贺拉斯

文献综述模型

```
你在这里
  ↓
第六步          发表          第一步
综述撰写  ← - - - - - - - →  选择主题
   ↑                            ↓
观点与阐释                   细化与架构
   ↑          文献综述           ↓
第五步         的过程          第二步
文献批评                     文献检索
   ↑                            ↓
备案与发现                   探究与分类
   ↑                            ↓
第四步                        第三步
文献研究  ← - - - - - - - →  展开论证
              组织与成形
```

关 键 词

通过写作增进自身理解(writing to understand)——日志、备忘录、大纲和各种其他形式的写作可使研究者将文献综述中需要用到的资料数据,证据和论证加以内化。

> **通过写作促进他人理解**（writing to be understood）——文献综述的初稿和接下来的文稿能够完整呈现研究者的论点，并使其为读者所信服。

至此，你已经完成了文献研究，并形成了研究方案。你掌握的背景资料也经过了组织，并且形成了大纲，论据也已经被分类和存档。随着论证的阐释、分析与发展，你完成了部分尝试性的写作。一切都在你的掌控之中，任务看起来变得很简单……但果真如此吗？有些学生认为，下一步只需集中所有的研究信息，着手书写。然而，正式的写作并不是从撰写初稿开始的，远非如此。

论文的撰写要求用心地创造、塑造和提炼材料信息。这一工作要从设想作品的最终模样开始。通过一步一步的修改（包括写作、审核与校订），论文才会变成最终的完美作品。良好的写作过程遵循两个阶段：在第一阶段，作者通过写作增进自身的理解；在第二阶段，作者通过写作促进他人理解自己（见图 6.1）。换言之，首先通过写作弄清自己想要说什么，然后再通过写作弄清应该如何说。

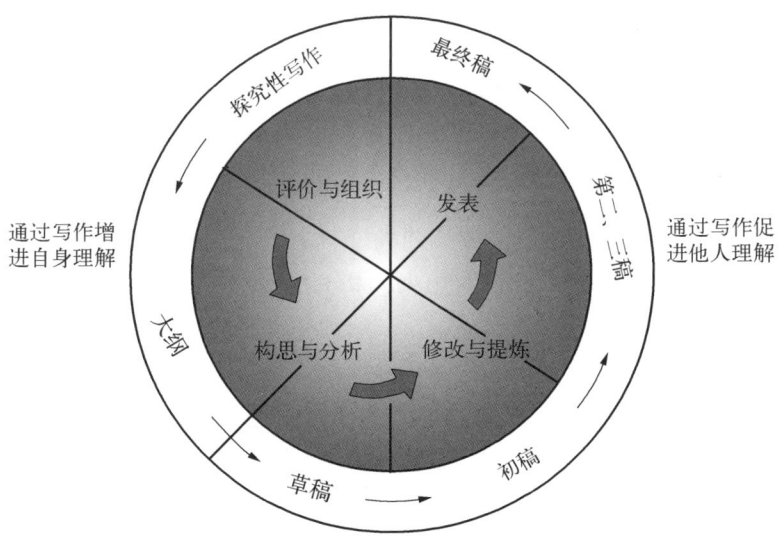

图 6.1　写作过程

通过写作增进自身的理解，首先，作者应该沉浸到研究课题之中。对研究资料的深入理解使你有能力对其进行批判性思考。只有当你能够脱离笔记而对这一主题侃侃而谈的时候，你才能够动笔写作。进行尝试性写作，首先要构建一个纲要，然后再写出一份初步的草稿。对一系列草稿进行细致修改，这是写作促进别人理解自己的开始。随后，对这些草稿进行不断的审核与修改，直至论文能够为他人所理解。首先弄清应该说什么，然后再弄清应该怎样说。这两个阶段分别有其特定的任务，图6.1展示的就是综述撰写过程中的两个阶段及其任务。

写作过程：概述

写作过程有两个主要任务：通过写作增进自身理解和通过写作促进他人理解自己。每个任务都包含一些活动，对论文进行不断的发展与精炼，直至最终达到发表水准。以下列出了完成这两个任务需要开展的活动，随后将具体解释这些活动。

任务一：通过写作增进自身理解包含的活动

活动一：复习笔记和备忘录。第一个活动是为了让你把目光聚焦到你的主题上。你的辛勤耕耘（写日志、备忘录和记笔记）会在这里得到回报。在文献研究和文献批评的过程中，你已按照时间顺序记录下你的观点和想法，这是正式写作的开端。此刻重新审视你最初的想法有助于将你努力收集所得的数据资料内化。审视你的日志和备忘录对改进你的研究大有裨益。

活动二：探究性写作。搜集并发展有关研究主题的知识，这一活动可在你回顾笔记之后动脑进行思考。重新看你的笔记能使你再探究性写作中游刃有余。探究性写作能够评估你对研究主题的理解程度，还可以让你初步构造论文内容，并发现文献和研究资料中的疏漏之处。

活动三：大纲设计，也就是设计一个正式的论文大纲，在这个大纲中，你将对研究材料进行编排与组织，以便为论文撰写做好准备。

活动四：最初的初稿，这是论文的第一份细节性的文本。最初的初稿必须不断修订，直至具备精确性与连贯性。

任务二：通过写作促进他人理解包含的活动

活动一：撰写初稿。前期的尝试性写作是撰写第一稿的基础，这是通过写作促进读者理解自己的初次尝试。

活动二：撰写第二稿和第三稿。

活动三：完成终稿。活动二与活动三的修订工作就是可发表的终稿的创作过程。在这一任务中，你对论文进行建构、组织、提炼与修订，直至呈现出一篇清晰而合乎逻辑的论文。

好的写作源于不断的修改。不管你是在写哪一稿，过程都是一样的。

总的来说，要先写作，再通过审核发现错误与疏漏，然后对论文进行修订（见图6.2）。

无论是大纲，或初稿或二稿，这个过程都是从写作开始的。

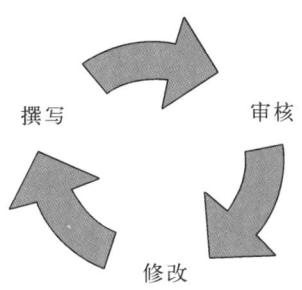

图 6.2　写作的常规任务

写作之后就是审核工作，即对论文已经完成的部分进行检查。审核大纲或草稿时，你需要对其内容进行核查与排列，并仔细校对。审核具有双重目的：发现所有错误，并评估写作是否达到预定目标。

修改工作具体而言就是对论文的内容与思路进行修改，并纠正组织与语法上的错误。通过修改，我们得到上一稿论文的修订本。写作、审核与修改任务贯穿综述撰写过程的每个阶段，我们需要不断优化精炼论文，直至研究课题最终完成。

任务一：通过写作增进自身理解

写作增进自身理解是一个形成性行为，即持续地学习与掌握有关研究课题的材料。首先，必须收集与组织那些构成研究内容的观点。随后，必须吸收这些观点，并对其进行整理与重构，将其转化为关联紧密的思路结构。写作开始于总结研究材料，并将其转化为逻辑连贯的全新表述。必须创设一个论文模式，将研究材料中的每一个观点编织在一起，从而构造论文。这些工作都要靠自己完成。还记得拼图游戏的例子吗？组装拼图时，组装者必须参照包装盒上的图像，观察这些零散的图案如何拼装到一起。同样，论文的撰写者也必须观察研究课题的"图像"，从而进行清晰的写作。如果没有形成思维上的图像，写作就无法进行。那么，如何创造这种思维图像呢？

活动一 复习笔记和备忘录

首先，理解研究课题，将研究的对象转化为个人理解。接下来，随着作者对材料的把握加深，新颖的想法与模式就会产生。最终，将这些编织好的图像串联在一起，创造新的意义，形成论文的基础。通过写作增进自身理解的过程贯穿于尝试性写作、大纲设计与初稿撰写的任务之中。

活动二 探究性写作

写作前的准备

当你进行研究工作时，你是一个外部观察者。收集资料、识别论据与构建方案都是处理他人观点的训练。尽管有关研究课题的个人知识在研究过程中不断增长，但这仍然只是一种记忆，停留于抽象、杂乱、未经审核的状态。你需要通过笔记、纲要与图表对研究材料进行内化，这样，你就不再是记录他人观点的局外人，而是创造与撰写崭新意义的具有批判性思维的局内人。

文献综述

要掌控与研究主题相关的知识，必须像准备期终考试那样学习研究材料。设想自己要向一群学生讲授这些材料：你对这些材料是否足够了解，以至于能够向全班讲授？它们在你的脑海里是否组织有序？你能否预想到与此相关的问题？如果上述问题中有任何回答是否定的，你就需要花更多的时间继续准备。

大多数研究者都知道，写作是知识掌握程度的重要仲裁者。人们不能写出自己还不知道的事物。当我们动笔写作时，这一令人痛苦的事实就变得越发清晰。为了在任何主题的写作上获得成功，你必须对它有足够彻底的理解，以至成为它的密友。如果未能彻底地掌握研究材料，那么研究就会像是无米之炊。

你可以问自己以下两个问题。

1. 对于我的研究主题,我到底知道些什么?
2. 我该如何向他人解释我的研究主题?

探究性写作提供了一个测试你对研究的熟悉与理解程度的机会。你必须在没有背景材料帮助的情况下,就研究主题写下你了解到的东西。下面是针对第一阶段任务一的指导练习。

> 练习6.1
> **探究性写作指导练习**
> 说明:在这一练习中,你必须记下脑海里即刻浮现的内容。不要使用任何笔记或支持材料。撰写文章回答下述问题,不要超过5页纸。
> 1. 你的主题是什么?
> 2. 对于这一主题,你知道什么?
> 3. 围绕这一主题的背景是什么?
> 4. 为什么这一主题是重要的?
> 5. 你的核心论点或主旨是什么?
> 6. 你怎样证明它?
> 7. 你得出的结论是什么?哪些理由能够支持这一结论?
> 8. 你的研究对这一领域有何意义?
>
> 完成文章之后,先将其搁置几天再回来审查,检查综述撰写的预备程度。根据如下问题,审核你对研究主题的熟悉程度。如果你需要重温材料,请参照问题后面标出的章节。
> 1. 你是否精确界定了研究主题及其核心概念?(第一步)
> 2. 该主题是否清晰而简练?(第一步)
> 3. 你是否描述了使该主题得以产生的普遍议题或关注点?(第一步)
> 4. 你是否阐明了你的研究路径是属于哪个学术领域?你使用的语言是不是该领域认可的语言?(第一步)

5. 该主题是否阐明了你最初的兴趣？它是怎么反映你的研究兴趣的？（第一步）
6. 你所用的论据是否能够体现你的研究在这一领域中是重要的？（第一步）
7. 对于有关这一主题的已有知识，你是否作出了确凿合理的发现式论证？（第三、四步）
8. 支持式论证是如何处理这一问题的？（第五步）
9. 你的论点有哪些论据加以支持？（第五步）
10. 基于你的论点，这些结论是否解决了你最初兴趣引出的疑问？（第五步）
11. 你的结论与你的论证是否形成一个统一的方案、一个令人信服的整体？（第五步）

在指导下完成尝试性写作，并对上述问题给予回应之后，你对研究主题还需要知道些什么呢？这个时候你应该对自己已经做过的工作进行一下盘点，以决定你是应该进入下一环节，还是需回到之前的环节，收集更多信息，以便更好地理解你的研究主题。

活动三　大纲设计

对探究性写作的成果进行审核的过程能使你产生立刻写作的冲动。不过，请克制这种冲动。尝试性写作中的观点、思路与模式必须首先被编排为有组织的、连贯的、完整的知识体系，必须确保这一"拼图"的每一个部分都在其正确的位置得以呈现。此时的任务是分析与反思，而设计大纲将有助于完成这一必要任务。

实践证明，作为"通过写作增进自身理解"阶段的第二项任务，大纲设计是着手正式写作的正确开端。大纲能够像一个组织者一样为你整理研究思路。大纲设计可以把你在尝试性写作中建构的个人意图和视角与研究信息相结合，组成有关研究课题的完整轮廓。大纲设计有三个功能：第一，它是观点整合与转化的机制；第二，它是安排观点顺序的机制;第三,它是文献综述写作的大致蓝图。

首先,作为整合机制,大纲能够提供一种方法,将你的研究转化为一个故事。设计大纲时,你会不断地把你对他人研究成果的理解转化为内在的个人理解。这种必要的反思过程将促使你不再仅仅是搜集和复述观点,而是了解、分析与阐释观点。构思大纲的过程将促使你从观察者的视角转变到讲故事的参与者的视角中。

其次,大纲设计还可以作为安排观点顺序排列的机制。设计大纲时,你必须组织信息,编排观点,并创设论文撰写的线索与模式。你必须清晰地表达具体的观点,将其以合乎逻辑的顺序进行排列,并建立一种逻辑模式,以便将这些序列组建为一个连贯一致的思维模式。大纲会不断要求你反思:何种信息是在先的,何种信息是包含在内的,而何种信息在逻辑上又是紧随其后的。大纲是对观点排序的记录,也是写作的路线指示图。

最后,大纲还是文献综述写作的大致蓝图。它勾勒出论文的总体设计,并标明其本质特征。大纲就像建造房屋的蓝图,提供了论文的设计方案。大纲不但提供了整篇论文的宏观图景,也为其每一个部分或板块提供了具体的规格标准。

正如蓝图一样,大纲体现了论文的总体设计。同时,大纲也详细指明了论文的具体内容。审阅自己设计出的完整大纲,核查其特征:是否提供了清晰的指向与足够的信息以便你在写作中不需要花太多时间重新构思与考虑?是否提供了可靠的总体设计?是否包括所有必要的细节信息以支持你的设计?

大纲的设计应从目录的创建开始,通过以合乎逻辑的方式编排研究的主要部分,创建论文的整体框架。文献综述的三个主要部分是引言、主体与总结。

完成了大纲设计,将其搁置一两天。在觉得适合反思的时候,再回到这份大纲,进行彻底的审阅,确保足够完整、清晰且编排适当,能够为论文写作提供方向指导。

- 大纲中主要观点的铺陈方式是否连贯合理?
- 大纲是否完全涵盖了论文的内容?

- 论断是否建立在有力的论据基础上？
- 结论是否都经过了合理的论证？
- 论点的论证思路是否合乎逻辑？
- 大纲是否是一个完整的整体？

修改大纲，直到能够肯定地回答上述每一个问题。校对论文，不但要改正其中的错误之处，还要注意其深度、衔接性与连贯性。修改必要的地方，并警惕一切可能出错的地方。

大纲设计环节中的一些常见错误

为了使大纲尽可能地发挥更大作用，请不要出现下述几种常见错误。

- 遏制想简单地把事实和观点汇编在一起的冲动。随便列举引文和观点，这是轻而易举的事情。盲目的列举或许能够提供出一些相关的细节信息，但却无法为论文写作提供证实主题的资料。这种汇编无法反映研究的宏观图景。
- 大纲必须包含研究工作中收集到的一切相关信息。如果未能包含所有相关信息，你的大纲就是不完整的，你的论文也因而将是不完整的。
- 倘若作者过分自信或过分依赖自己对研究材料的记忆力，写出的大纲将要么过于简短，要么过于模糊。在这种情况下，大纲无法提供充分的描述性细节，从而也无法反映作者对研究材料的清晰理解。简短或模糊的大纲缺乏观点次序排列的精确性。
- 大纲不应成为"速记版"的论文初稿。大纲的写作往往有一种想要网罗过多信息的倾向，这种倾向会导致太多的细节信息，而论文的宏观图景却被遮蔽了。请记住，大纲构建的是房屋的蓝图，而不是房屋本身。

如何避免这些错误呢？请记住，大纲必须为论文写作提供方向上的指引。设计大纲时，确保大纲能够涵盖所有信息。多花些时间对研究材料进行反思，以形成认知结构与内容主题——这是构建论文思路所必需的。

文献综述版式

引言部分提供研究的大致轮廓，其目的是通过突出展示研究的核心部分，吸引读者的注意力。在**主体**部分，你呈现并论证研究案例，从而证明你的论点。最后，**总结**部分简要呈现研究的结论。引言、主体与总结又被细分为不同的主题板块。

引言部分有六个基本板块：a. 介绍性陈述；b. 研究课题陈述；c. 情境陈述；d. 研究意义陈述；e. 研究问题陈述；f. 论文架构陈述。

a. 介绍性陈述旨在将读者的注意力吸引到研究上来。这类陈述可以是一个尖锐的事例，可以是有关某问题的一场争论，也可以是本研究提出的问题本身。一段吸引人的记叙可以通过调动情感、态度或信念的方式，鼓励读者继续阅读下去。请看这个例子："当地校董会已经背弃当初选举他们的选民，变成国家官僚机器里的小齿轮。如今，校董会只不过是国家的政治工具罢了。"这个例子包含三个有力的论断，其目的是激发读者的情感回应，从而使他们产生持续的兴趣，继续阅读文章。

b. 研究课题陈述对研究的主题进行明确界定。这一陈述必须对研究的核心思想做出简练说明，指出研究的焦点与视角，对主题陈述中的每一个核心概念作出清晰的界定。研究课题陈述的长度不应超过两到三段。

c. 情境陈述展示的是研究的框架。这个板块详细阐述研究问题所处的背景，甚至是研究问题产生的背景。这种背景可以是学术争论，也可以是学界关注的话题，还可以是导致研究问题出现的现实议题或实践困境。情境陈述必须提供相关信息，界定研究问题的环境。

d. 研究意义陈述（或需求陈述）旨在论证研究的必要性。这个板块阐述的是作者对研究课题的个人兴趣，并证明此项研究对学术界的价值。研究的价值可以指向亟待解决的实际问题，也可以指向亟待澄清或确定的学术议题。

e. 研究问题陈述（或主题陈述）阐述的是论文研究将要解答的问题。

f. 论文架构陈述是引言部分的最后一个板块，向读者简要地介绍文献综述的主体和总结部分的结构框架。

文献综述的**主体**部分呈现的是论文的两个版块：a. 发现式论证；b. 支持式论证。首先，发现式论证阐述的是有关研究课题的已有知识，并构建研究背景。接下来，支持式论证展现的是论文的论证过程，而后者将导向论文的结论。主体部分是论文主旨的论证发展。设计这一部分大纲时，应该记下每一项论证的论断、论据、证明过程和证实论点的方案。这一部分也要阐述文献检索与文献批评的研究成果。

a. 研究背景的介绍要展现研究的来龙去脉。这里应该简述有关研究课题的已有知识。文献研究矩阵图和发现式论证（见图6.3）是构建背景陈述的主要参考资料，为研究提供了资料基础和来源，它们对已有知识论述中会用到的论断陈述、支持论据、适用引文和推理论证进行存档与分类，因此要运用这些工具来组织背景陈述。发现式论证的推理模式就是大纲编排的轮廓，其主要部分将成为文献综述主体部分的标题及副标题。文献研究矩阵图包含的信息为大纲细节设计提供了必要的资料。

b. 第二项任务是展开主题论证。以背景陈述的结论为起点，简述有关研究问题的已有知识所体现的含义，这一部分的内容就是文献批评。接下来，参照文献研究矩阵图和文献综述范文中的研究案例（见图6.4），写出主题论证的大致轮廓。用于主题论证的隐含逻辑模式是大纲的基础。同样，主要论断、支持性的简单论断、论据及引文也为这一部分的大纲设计提供了细节材料。

文献综述的**总结**部分要对主题的论证作出总结，由以下三部分组成：a. 论点陈述；b. 论点分析；c. 研究意义。

a. 总结部分首先要对研究论点进行重申。

b. 接下来的论点分析部分将对论点进行详尽的阐释。这时可以对论点的核心概念进行解释和进一步的界定，并从多种视角对论点进行探究。

c. 最后，研究意义部分指出研究论点对日常实际问题或学术问题的影响和意义，而这些问题正是此项研究的原因和动力。这一部分应该展示论点是如何解答研究问题的。

	第一阶段 集中收集到的资料				第二阶段 综合信息资料			第三阶段 分析资料类型		
	关键概念或关键词(1)	引文或参考资料(2)	核心观点(3)	资料质量(4)	证据分类(5)	推理方案和简单论证(6)	简单论断陈述(7)	论断的可接受性(8)	简单论断陈述(前提条件)(9)	推理方案和复杂论证(10)	复杂论断陈述(11)
	从图表和书目卡片中来	从图表和书目卡片中来	从图表和书目卡片中来	资料是否符合质量标准(是或否)	资料在证据中的安排方式	这一组资料所使用的推理方案	作为这一论断之证据的资料	论断是否符合可接受性标准(是或否)	安排简单论断,作为支持核心论断的证据	为了进行复杂论证而采用的推理方案	发现式论证的主题
作者篇名期号(A)											
作者篇名期号(B)											
作者篇名期号(C)											
作者篇名期号(n)											

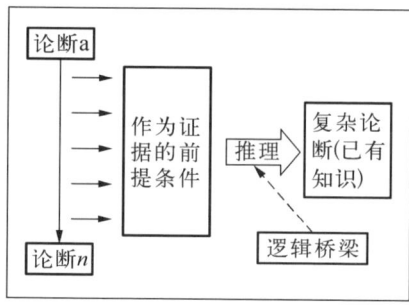

图 6.3 重要的参考资料辅助工具(文献研究矩阵图、发现式论证)

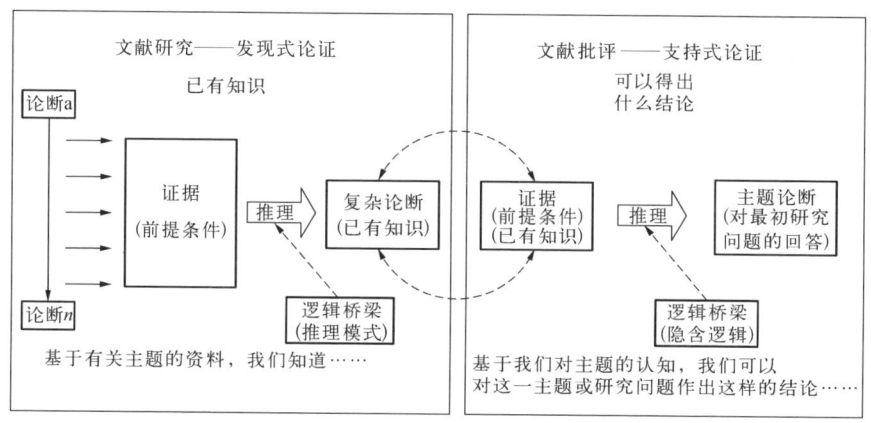

图 6.4 文献综述研究方案

表 6.1 展示了文献综述的主要部分及其板块,还提供了一系列有助于研究的研究工具、图表与其他参考资源,这些资源能帮助我们进行文献综述的大纲设计。为便于读者查阅,我们也列出了可以参照的章节。

表 6.1 文献综述大纲:研究工具、图表与参考资源

主要部分	板 块	研究工具、图表与参考资源	参照章节
引言	介绍性陈述	吸引人的记叙	第六步
	研究课题陈述	初次图书馆检索练习	第一步
	情境陈述	明确具体的研究兴趣	第一步
	研究意义陈述	文献检索、发现式论证模型、文献研究矩阵图	第四步
	研究问题陈述	支持论证	第五步
	论文架构陈述	大纲图表方案、推理模式、发现式/支持式论证范文、尝试性写作	第三、四、五、六步

续表

主要部分	板块	研究工具、图表与参考资源	参照章节
主体	发现式论证	大纲图表方案、推理模式、文献检索、发现式论证模型、文献研究矩阵图	第四步
	支持式论证	文献研究矩阵图、论证模式、文献综述的研究方案模型	第五步
总结	论点陈述	文献综述模型的研究案例	第五步
	论点分析	文献综述模型的研究案例、文献研究矩阵图	第四、五步
	研究意义	明确具体的研究兴趣……文献综述的研究方案模型	第一、五步

撰写初稿

写作环节要求作者不断地撰写一系列的草稿,直至最终文本的面世。许多年前,我们的好朋友,一位有抱负的年轻作家,蒂姆·卡西尔偶然地反思了自己的写作过程:"写作很像生孩子,要经受数月的怀孕期,婴儿不断长大,要经历挫败与欢乐、沮丧与期待,经历分娩的阵痛,要付出很大的努力,最终婴儿诞生。我写作时会感觉自己是在怀孕生子。"

写作就是观点的浮现、酝酿与成熟的过程。首先,必须构思一些观点,并期待将其用语言表达出来。观点出现后,要把它们塑造成一种能与读者进行交流的形态。要对观点进行塑造与润色,从而将大脑中的想象物转化为书面表达。

帮助实现这种转化的方式就是打草稿。打草稿并不仅仅是一遍遍地改写;草稿更是一种不断进化的文本,把文章从最初的形态逐渐转化为最终的作品。草稿是有目的的写作,这种写作不断地修改原有的文本,在第一阶段(通过写作增进自身理解)与第二阶段(通过写作促进别人理解)之间搭起了沟通的桥梁。

每一份草稿都有自己的目的和任务,完成任务都要遵循一定的规则,如写作规则、语法规则和句法规则。这些任务以循序渐进的方式确保写作的连贯成熟。从一份草稿进入到下一份草稿是不断修改文本的过程。写草稿意味着不断地修改,而修改本身就是创作、塑造与完成论文的基础。当你动笔写作时,请考虑以下建议。

- 保持一个安静的、无人打扰的静心写作之处。如果需要的话，在手边准备一些可口的食物，但也不要让环境变得过于舒适以至于懈怠。

- 确保写作的地方备有写作方面的参考资料与辅助材料，包括一本权威的同义词典。写作时，往往会遗忘某个词的本义或同义词。这些参考资料和工具书可以帮助你把自己的观点正确地表达出来。

- 优秀的文章是无法用一刻钟的时间仓促写就的。确保拥有大段用于写作的时间，从而保证思路的流畅。大段的时间不能以分钟计算，而应该以小时和日计算。

- 找到适合写作的时段。你适合在清晨写作，还是在深夜写作？在一天当中，我们每个人都有一个写作的最佳时间。对许多人来说，这个最佳时间是清晨，此时，大脑刚刚经过休息，思维非常清晰，并且不容易受到外界干扰。为你的写作设定一个有规律的日程安排，以便保持写作的思路与节奏。

- 在写作过程中，你的日程安排可能会被打乱。遇到这种情况时，给自己一点调整的时间，重新恢复状态，然后再次回到写作之中。

- 设定每天必须写出的最少页数，并坚持遵守。专心进行观点的表达与文本写作。

- 设定一个计划，指明你将要写什么。在脑海中构思写作内容，注意主要观点及其细节。

活动四　最初的初稿

　　大纲设计是对思维进行组织的过程。接下来必须将大纲扩展为连贯的句子、完整的段落、完整的文章。初稿的写作是对研究材料理解和掌握程度的第一次考验。你到底吸收了有关研究课题的哪些知识？你能用文字来表达这些知识吗？初稿的任务就是回答这些问题。在初稿写作中，你将第一次尝试具体而有序的叙述。初稿的任务就是把研究课题的思想与观点转化为文字。

　　初稿写作的策略多种多样，选择何种策略依赖于你的写作能力与内容知识。请使用推荐的策略来构造初稿：写作、审核与修改。撰写初稿时，首先根据草稿的意向与目的来写；然后，从内容、编排、结构、语法、连贯性等方面对文章进行审核；最后，对文章进行修改，弥补纰漏与不足之处，修订错误之处。

论文初稿要实现以下三个主要目标。

1. 首先，决定论文的写作思路；
2. 然后，将有关研究课题的起初的思路和腹稿转化为具体的文字形式；
3. 最后，检查你在此主题领域内的知识掌握情况。

初稿的写作看上去是一个令人气馁的工作。你可以每次解决一项任务，循序渐进地构建初稿。可以借助大纲来决定如何安排文章结构，逐渐地取得进展。选择一个板块，然后开始写作。当你投入到初稿写作中时，写出你对这个板块或主题了解的所有事情。这些观点会从抽象的思维形态自动转化为具体的文字形态。一个个想法会喷涌而出，而你应该根据论文的思路整理这些想法。努力让思维具体有序，耐心地表达你的观点，使其确切与清晰。不要在某一个观点上花费过多的时间与精力，导致妨碍下一个观点的阐释。因为在审核环节你还有机会润色你的文章。

你是否会对某个词或某个观点拿捏不准？这时就必须参考辞典。辞典上的释义有助于消除思维上的堵塞与模糊状况。同时，辞典释义还对正确措辞有所助益。你是否为了寻找一个合适的表达某观点的词汇而绞尽脑汁？使用同义词典是解决问题的最好方法。要表达精确的观点，查找同义词是非常有用的。你是否不确定接下来该写什么？在纸上随便涂写一些词汇，下一个观点会自然地展现出来。如果没有的话，你可以暂停写作，休息一下，呼吸外面的新鲜空气，然后重新回到写作中来。

审核初稿

此次审核的目的有两个：第一，根据主题大纲，对初稿进行调整；第二，对内容与结构进行修改，这对于一篇连贯一致的论文来说非常重要。初稿审核的步骤如下所示。

1. 审核初稿之前,将文章搁置至少两三天的时间,一个星期更好。这段时间能够使你的大脑抹去你在初稿写作时形成的思维图景,从而使你能以全新的视角和开放的思维去审视你的文章。你会对你写的文章感到惊讶:摇摆不定的观点、误置的思路、无意义的语句、模糊不清的语言,以及逻辑上的错误。你曾经满以为写得很好的一篇文章,重新审视时可能会变成一篇有待改进的粗糙之作。

2. 用三倍行距进行初稿写作。加大的行距可以为增补与注释提供空间。随后,把初稿打印出来;许多在计算机屏幕上"隐形"的错误都会在纸上凸显出来。接下来,大声朗读文章,听听这些词句与观点,就当你是初次听到。记下你发现的任何不协调、冗长累赘或是疏漏的地方。

3. 朗读文章的同时审核内容。检查观点的起承转合是否连贯;查找逻辑上和知识上的疏漏之处;检查观点的编排次序是否正确得当;确保每个段落都有开头、中间部分及结尾。最后,在还需要增加引文或例证的地方插入适当修改。

4. 完成了内容上的审核,就要进行语法、架构与写作格式上的审核。检查语法的使用,核对是否出现使用不当的词汇与词组,并检查标点符号和单词拼写。检查人称的连贯性,主动语态的使用,以及用词是否简练。更正发现的所有错误。斯特朗克和怀特(Strunk and White)合著的《写作格式的要素》(*The Elements of Style*)一书是指导审核工作的重要参考资料。

5. 将初稿与主题大纲进行对照,完成初步的审核。将写好的大纲与修改后的草稿放在一起,逐个部分对照。根据大纲列出的内容,使初稿与大纲保持一致。初稿中需要增加哪些内容?删去哪些内容?抑或哪些内容还有待澄清?可以参考文献研究矩阵图或其他研究材料,协助进行对照工作,作出一切必要的修改。这时可以插入任何需要的引用。

6. 完成审核之后,重新阅读文章,以便对其获得一个整体性的认识。检查内容的完整性和逻辑的正确性。检查是否还存在不甚完备的观点,并确保内容之间的承接转换适宜得当。再次复查观点的编排顺序。

修改初稿

审核工作完成之后，还需要进行修改工作。根据审核后注有修改标记的草稿，重新撰写初稿。依照标注，对文章进行逐字逐句的修改。进行修改时，重新阅读语句和段落，确保其正确与清晰。一段一段地修改，直至整篇文章修改完毕。大声朗读修改后的文章，确保所有问题都解决完毕，耳朵可以把眼睛遗漏的错误和不通之处听辨出来，而默声阅读则可能会让思维把纸上的文字看成脑海中想表达的文字。务必作出一切必要的修正。

经过初稿的校对工作，从外在知识到内在意识的转换过程也就完成了。你现在已经把握了研究材料。初稿的审核工作促使研究材料中的观点发展成为原创的论文观点。通过审核与校对，你将这些观点清楚有序地书写成文。不过，仍然存在一个问题：你的文章能被他人理解吗？

任务二：通过写作促进他人理解

能够让他人理解的作品是这样诞生的：不断地修改文章直到能够准确而充分地与他人交流有关某一主题的观点。文章是否表达了你想要表达的内容？内容表达得是否准确无误？是否能得到他人的理解？现在的任务是为读者而写作，完成这一任务的关键是找别人与你一起对论文进行修改。就文章的形式和内容与他人进行有效的讨论将为再次修改指引方向。根据他人审阅发现的问题，你可以对文章的清晰性、连贯性与内容整体性作出进一步的优化。

每一次修改都是文章的进一步发展。在这个阶段，每一稿都必须有所进步，使思维图景变得更加完备，使思路及其表达更加连贯，使主题的描述更加精确。我们可以这样询问别人："你是否看到了我所看到的东西？如果未能看到，我应该怎么样修改才能使文章的中心思想更加明确？"每一次修改都应该将审核校对后的文章及时反映给选定的读者，直至期望的文章最终完工。

活动一　撰写初稿

初稿为写作奠定了坚实的基础。初稿的核心任务是完成一份清晰的、可以被读者理解的书面交流文本。为了确保他人审阅的是你写出的最优文稿,你还要对初稿进行最后一次阅读,并依照下列问题进行检查。

1. 句法、语态、分段是否准确?
2. 语法是否正确无误?
3. 文章是否采用主动语态写作?
4. 文章视角是否一致(第一人称或第三人称)?
5. 动词时态是否一致(现在时或过去时)?
6. 文章段落是否结构合理、安排有序?

再次检查文章中的论据是否准确有力,以及论证方案是否完整统一。阿莱克·费舍尔(Alec Fisher)在其著作《真实论证的逻辑》(*The Logic of Real Arguments*)中提出了一种简便方法,用以检查支持论点案例的论证是否完整,下面的练习便是基于这种方法。通过练习,你或许会发现这也可以有效地为第一稿撰写做准备。

> **练习 6.2**
>
> ### 分析研究论证与方案
>
> 本练习的目的是对构成论文方案的研究论证进行批判性分析。确定研究方案的每一个部分,并对其作出评价,从而确定研究论点是否正当有效。分析与评价是两个主要任务。
>
> 首先,分析你的文章,检查以下各项:
> 1. 研究的主要结论是否清晰;
> 2. 支持各个结论的论断与论据是否各居其位;
> 3. 论证的形式和逻辑是否有明确的解释或者清晰的暗示;
> 4. 各个论证是否都合乎逻辑推理。
>
> 其次,评价你的文章,检查以下各项:
> 1. 逻辑推理能否令人接受;
> 2. 论证的结论是否得到了适当的推理证实;
> 3. 总体论证过程能否形成主题。

初稿分析

1. 审阅全文,找到论点陈述,用下划线标明。
2. 再次审阅全文,找到论据陈述,用圆圈标出。
3. 找到论证的支持性陈述及其简单论断,用箭头把对应的论断和论据陈述相连接。如果支持性陈述是隐含的,那么就在论断和论据的页边空白写出注释。
4. 现在已经为文中的每个简单论断和复杂论断的论点、论据与支持性陈述三者之间建立了连接。把每一段论证用方框圈出。
5. 检查简单论断的论证,结构正确吗?如果不正确,标出有问题的地方并进行修改。
6. 如果论断或论证还不完整,继续进行改写。

初稿评价

1. 完成分析工作后就要开始对论证进行评价。论证是否能够形成方案?评价从主题陈述开始。
   - 简单论断是否与主要论点相关?
   - 简单论断的论证之间是否彼此相关?各个论证的逻辑结构是否有效?简单论断之间的连接是因果联系还是链状关联?
   - 主要论证部分的逻辑是否合理?如果简单论断的论证逻辑与主要论断的逻辑结构不一致,务必作出调整。
   - 如果某种有趣的事实陈述与论证毫无关联,请将其删去。"红鲱鱼式"和"野兔子式"的论述或许十分有趣,但它们的存在会削弱整个论证。
2. 如果论点的论证缺乏逻辑方案,务必进行修正。考虑哪种推理方案能够最恰当地将简单论断与论点论证的推理模式连接起来,然后作出必要的修改。
3. 整篇研究论文是否达到了预期目的?

随时参照大纲、逻辑图及矩阵图等资料完成这项练习。这些材料提供了必要的信息,帮助快速安排逻辑次序。

上面的练习为分析和评价研究论证提供了一个完备的方法,能够体现论证的完整性,并对研究主题的质量进行总体性评估。借此方法可以看出论文各个部分的优劣之处，并作出必要的修改。完成了第一稿，就可以将它交给别人评审了。

初稿外部评审

将草稿交由读者审阅，这是第二阶段各项任务的核心。为了确保论文能被他人理解，必须从读者的视角进行审视。每个人看世界都是基于某种独特的逻辑和视角，而别人并不一定能领会你的视角。要通过写作促进别人理解就必须把论文转换为他人能够理解的语言和逻辑。在这个转换过程中，外部评审是非常关键的。完成第一稿之后，开始第二、三稿之前，必须认真考虑外部评审的方案。下文给出的是，如何选择外部评审人员及如何以写作促进他人理解的相关要点。

- 根据外部评审人员在某领域的专业知识进行选择。具体来说，选择一些在写作与校对领域有能力的评审人员，再选择一些在专业领域有能力的评审人员。请每位评审人员仔细审阅你的文章，并作出全面的回应。他们的回应越明确越全面，你就能修改得越好。记住：你寻求的是能够让论文增色的真知灼见，而不是安慰。
- 准备把草稿交付评审时，为评审人员提供明确的指导：强调那些可能需要着重审阅的部分；确保读者运用其专业知识来进行评审；让所有的评审人员都要对文章的可读性作出评价；将草稿设置为三倍行距，为评审人员留出足够的评论空间；使用行号以便评审人员查阅。此外，为了避免混淆，为每一份草稿编上日期和号码。
- 设置草稿的回收时间表。留出时间仔细阅读回收的草稿，并安排时间与每位评审人员进行讨论。
- 开始第二、第三稿的写作之前，与所有评审人员一起完成审核工作。综合评审人员提出的修改意见。避免评审人员的意见与自我满意度之间的一切冲突，然后进行校对。

活动二　撰写第二稿和第三稿

经过校对的初稿把论文转换为某些外部读者能够理解的作品，而第二、第三稿的目的在于将文本提炼得更加清晰准确，使其达到最佳水平。现在对文本作出的大多数修改都应来源于特定的读者反馈。尽管你是在为学术界的广大同行而写作，但你依然要认识到，学术界的代表就是审核你的论文的特定读者，如鉴定你的努力程度的导师或是审阅你的文章的学术委员会。这些审核文章的读者会提供必要的反馈，帮助润色草稿，并最终将其发表。第二稿及以后的文稿的目标在于满足兼任"仲裁人"的审核读者的期望，成功的关键在于审核修改后能满足他们的期望。

审核初稿的指南同样也适用于以后各稿的润色工作，只是审核人员有所变化。审核第二稿及以后的文稿时，请让导师或学术委员会来进行评审。提交最终文稿之前，务必进行这一审核工作。如果由导师为你的文章评分，你可以完成润色后再次寻求导师的意见。为评审工作留出大量的时间。如果由某个学术委员会审核文章，要与委员会的主席一起设定计划，以便委员会成员依照计划进行审核，并给出修改建议。不要对修改文章直至满足他们的特别期望和要求而感到惊讶。任务很简单：听从他人的意见和建议，作出一切必要的修改。

活动三　完成终稿

终稿的写作

初稿的润色是修改文章使之达到可以发表的水准。在进行后期修改时，想象读者的感受和思维方式，想象读者衡量作品质量的标准，立足于读者的角度进行文章修改。可以参考写作指南或写作评价之类的书籍资料，仔细查阅，寻求建议和指导。从这些角度来修改论文的初稿。首先，大声地朗读文稿，从评审人员的视角来聆听你读出的文章。根据你预想的他人可能会问到或关注的所有问题，审核你的原稿。再次复查文章，核对内容的准确性，并确保论文引用的是现有知识的最新资料。参照认可的写作格式手册，对文章的结构与格式进行最后一次检查，并作出必要的修改。

终稿审核

- 这是你修改的最后一次机会了。

- 写作过程是否流畅？
- 所有的图表是否都有了正确适当的编号和名称？
- 最后再对检查一遍看格式是否正确？
- 校对，校对，再校对。

写作格式手册

文献综述论文属于正式的文献，发表形式和格式都有具体的规范。最近我们发现美国有150多种写作格式手册之类的书，对研究工作的正式出版物作出了严格的格式要求。每个学术领域都有自己的论文格式。不同的大学、学院、系所乃至课程导师或研究项目主席都可能会使用不同的格式手册。图拉比恩格式（Turabian）、美国心理学会论文格式（APA）与美国现代语言协会格式（MLA）是美国社会科学界使用最为广泛的写作格式手册。了解你的研究项目所要求的格式，花一些时间查阅格式手册，对发表的格式规范有一个大致的理解，明白如何编排、组织和写作研究项目。每一种格式手册都对上述工作作出了具体的规定。

写作格式手册通常包含下列三个部分。

- 稿件的各部分。这里对论文的前后部分作出了详细的规定，如对标题、版权、致谢、目录以及图表等部分的格式规定。
- 文字排版。这里提供了有关文章格式方面的指导，对标点符号、拼写、数字、引用、标题与图例、表格、参考书目、参考文献等作了一一解释。
- 版面设计。这里是对文稿格式和形式方面的规定，包括版式、页码、标题、图形、缩进、图表制作等。

写作格式手册是一种参考工具。花时间阅读熟悉之后，在审核校对的整个过程都会依赖于这一材料。撰写初稿时，参考格式手册，设置正确的文稿格式（字体、边距等）。审核初稿时，确保文字排版与格式手册上的要求一致。准备将第一稿交付外部评审时，再次复查格式。为了确保论文遵循出版规范，审核每一稿都要参照格式手册。最后，在正式出版之前，对写作格式进行最后一次审核与校对。

小 贴 士

一些写作小技巧：

- 从主要观点开始，建构论据，进行总结。研究完某个观点之后，务必确保这一观点自然过渡到下一观点，各个论点之间融会贯通，文章连贯一致。
- 撰写初稿时，尽量写出你对研究课题所知道和想要表达的一切事物。不要停下来修改或重新思考，只管继续写作。
- 撰写初稿时，不要担心语法、拼写或标点符号的问题。尽力保持自然顺畅的思路。审核与校对阶段再检查文章的结构。
- 节制有度地运用笔记与大纲。写作应该按照自己的思维进行，而不是依赖参考资料。
- 坚持完成一部分写作后再放下记事本或电脑键盘。
- 顺利完成一个部分后再进入下一个部分的写作。
- 要有耐心和好奇心，严格要求自己，不对自己手软。坚持不懈地写作，直到创作出你真正想要的作品。完成初稿后应该有重返修改的心理准备，继续完善论文。

结束语

遵循本部分讲述的步骤进行写作可以把文献综述的写作变为一项有收获的经历。撰写文献综述成功的关键在于审慎的态度。建构一个明晰有力的大纲，作为整个工作的基础；确保这一大纲对文章的结构设计进行了合理安排，并包含足够的细节，从而能够有效地引导写作。分两个阶段完成写作，首先"通过写作增进自身理解"，然后再"通过写作促进他人理解自己"。

写作应从一份尝试性的草稿开始，把研究材料转化为自己的视角。把尝试性写作的草稿与研究大纲相结合，为初稿的写作打下一个坚实的基础。然后,通过审核与校对工作,进行必要的修改,创造一份高质量的初稿。记住:请别人审核你的文章,并提出修改意见,从而使你的文章更易于理解并被读者接受。文献综述的写作并不是一项复杂的艺术;恰恰相反,它是一项写作与修改交替进行的渐进过程,每一次修改都是对文章的进一步完善,直至论文能够清晰优雅地表达作者的观点。写作的过程并不一定是一件乐事,但阅读自己呕心沥血创作出来的好论文却是一件乐事。完成创作才是一件乐事。正因如此,"把握今朝,切勿相信明日!"——那就开始动手写作吧,坚持追随创作的脚步,不管它将走向何方!论文一定要精雕细琢!尽情地去享受优秀作品诞生的快乐!享受理解和被理解的喜悦吧!

> 写作是一场冒险。开始,它只是一个玩具,一种娱乐;后来,它变成你的情人,你的主人,你的暴君。最后,就当你站在向它屈服、受它奴役的绝望边缘时,你杀死了这头怪物,并把它扔到公众面前。
>
> ——温斯顿·丘吉尔
> (在英国国家书展上谈论《二战回忆录》的演讲,1949年)

参 考 书 目

Booth, W. C., Colomb, G. G., & Williams, J. M. (1995). *The Craft of Research*. Chicago: The University of Chicago Press.

Churchill, W. (1949). *A Speech about His World War II Memoirs*. Delivered at Britain's National Book Exhibition, London.

Cooper, H. (1998). *Synthesizing Research* (3rd ed., Vol. 2). Thousand Oaks, CA: Sage Publications.

Ehninger, D., & Brockreide, W. (1960). *Decision by Debate*. New York: Dodd, Mead & Company.

Fisher, A. (2003). *The Logic of Real Arguments*. Cambridge: Cambridge University Press.

Fisher, A. (2004). *Critical Thinking: An introduction*. Cambridge: Cambridge University Press.

Hart, C. (2001a). *Doing a Literature Search*. Thousand Oaks, CA: Sage Publications.

Hart, C. (2001b). *Doing a Literature Review: Releasing the social science research imagination*. London: Sage Publications.

Kelley, D. (1998). *The Art of Reasoning* (3rd ed.). New York: W. W. Norton & Company.

Strunk, W., Jr., & White, E. B. (2000). *The Elements of Style* (4th ed.). New York: Longman.

Toulmin, S. (1999). *The Uses of Argument*. Cambridge: Cambridge University Press.

Toulmin, S., Rieke, R., & Janik, A. (1984). *An Introduction to*

Reasoning (2nd ed.). New York: Macmillan Publishing Co.

Trimmer, J. F. (2004). *The New Writing with a Purpose* (14th ed.). Boston: Houghton Mifflin Company.

Weston, A. (2000). *A Rulebook for Arguments* (3rd ed.). Indianapolis: Hackett Publishing Company.

Williams, J. M. (1990). *Style: Toward Clarity and Grace*. Chicago: The University of Chicago Press.

译 者 后 记

本书是有关文献综述的研究、论证和撰写的行动指南。继 2011 年《怎样做文献综述：六步走向成功》出版后，本书受到广大读者的喜爱与欢迎。为了更好地满足读者的需求，本书作者劳伦斯·马奇和布伦达·迈克伊沃对第一版进行了修订与完善，以便读者更加清楚如何进行文献综述的撰写。

本书的目的在于将经验丰富的研究者所采用的策略、工具和技巧汇于一册，以帮助读者撰写出高质量的文献综述。全书围绕文献综述的六个步骤展开，形成选择主题、文献检索、展开论证、文献研究、文献批评、综述撰写共六个部分。每个部分都包括不同阶段和任务，并且后附小贴士、小结概括和自测表，便于读者及时查缺补漏。相比于第一版，第二版新增了部分内容，具体如下：

首先，本书将内容重新作了编排，更易于读者使用。若干部分增加了有用的参考资料、网络工具和在线支持。研究与组织管理任务，以及参考书目，如今可以运用网络工具或传统方法，或者两者结合的方法来完成。本书在内页绘制了新的文献综述流程图，引导读者掌握各个步骤、任务、活动和概念，以成功撰写出文献综述。每一部分的开头都提供了这一阶段的流程图，帮助读者掌握相关概念、任务和活动，并都列出了本部分涉及的关键词及其定义。其次，本书还扩充并增加了部分图表、小贴士和示例，指明了在写作文献综述的早期阶段何时写及如何写。这些方法，包括日志和备忘录的使用，能够帮助读者在最后撰写综述的时候更为便利和高效。另外，本书的译文也进一步完善，旨在帮助读者高效阅读。最后，本书结构更易于掌握。各部分之间呈流线型。重要的概念和任务都给出了明确的定义。对文献综述的每一个步骤，描述都更加简洁,以便读者使用。

  文献综述,是研究者开展研究的"敲门砖"。在学术生涯中,人们往往要通过不断碰壁和反复摸索来学习撰写文献综述。即使对于资深的研究者来说,要顺利完成一项文献综述,也要具备很多技能,如缩小研究课题,聚焦搜索文献等。因此,本书对于不同阶段的研究者而言,都可以根据开门见山的操作指南来构建主题、管理信息、展开论证,并学习到撰写一篇出色的文献综述所需要的写作技能。本书值得研读和反思,相信读者阅读后能够掌握一些研究技巧,可以使撰写文献综述成为一种高效、愉快的经历。相信阅读本书后,读者都能在撰写文献综述上有质的飞跃!这也正是本书的魅力所在!

  本书第二版修订部分的翻译和审校工作由高惠蓉和孟石芳完成。在此向所有参与本书第一、第二两个版本翻译和出版的人员致谢!

  改变,尤其是真实、积极、持久的改变是我们努力的方向。本书作为学术研究的操作指南,旨在帮助更多热爱学术的人。希望读者能在阅读完本书后,在撰写文献综述时有所获!另外,书中表述若有不尽如人意之处,恳请读者多多批评指正!

The Literature Review: Six Steps to Success (2nd Edition)
by Lawrence A. Machi, Brenda T. McEvoy
Copyright © 2013 by Corwin Press.
English Language edition published by Corwin Press, a SAGE Publications Company of Thousand Oaks, London, New Delhi, Singapore and Washington D.C.

本书中文简体字翻译版由上海教育出版社出版，限在中国大陆销售，未经出版者预先书面许可，不得以任何方式复制或发行本书的任何部分。

上海市版权局著作权合同登记号　图字09-2013-815 号

图书在版编目（CIP）数据

怎样做文献综述：六步走向成功 /（美）劳伦斯·
马奇（Lawrence A. Machi），（美）布兰达·麦克伊沃
（Brenda T. McEvoy）著；高惠蓉，陈静，肖思汉译. —
2版. — 上海：上海教育出版社，2020.6
（象牙塔之旅.学术入门指导丛书）
　　ISBN 978-7-5444-9927-9

Ⅰ.①怎… Ⅱ.①劳… ②布… ③高… ④陈… ⑤肖…
Ⅲ.①论文－写作 Ⅳ.①H152.3

中国版本图书馆CIP数据核字(2020)第074469号

责任编辑　谢冬华
封面设计　金一哲

象牙塔之旅·学术入门指导丛书
怎样做文献综述
——**六步走向成功（第二版）**
[美]劳伦斯·马奇　　著
[美]布伦达·麦克伊沃
高惠蓉　陈　静　肖思汉　译
孟石芳　张　瑜　审校

出版发行	上海教育出版社有限公司
官　　网	www.seph.com.cn
地　　址	上海市闵行区号景路159弄C座
邮　　编	201101
印　　刷	上海展强印刷有限公司
开　　本	965×640　1/16　印张10.75　插页1
字　　数	166 千字
版　　次	2020年6月第1版
印　　次	2024年10月第8次印刷
书　　号	ISBN 978-7-5444-9927-9/H·0331
定　　价	35.80 元

如发现质量问题，读者可向本社调换　电话：021-64373213